学前教育专业"岗课赛证"融通教材　总主编　杨莉君

幼儿园
课程概论

组　编◎湖南省学前教育学会

主　编◎赵艳红　雷　雨　彭　妹

副主编◎刘玉萍　赵　莉　刘诺莎

参　编◎罗　梅　冯小丹　张思颖

　　　　王晓欢　张　伟

主　审◎郑三元

湖南大学出版社

·长沙·

图书在版编目（CIP）数据

幼儿园课程概论/湖南省学前教育学会组编；赵艳红，雷雨，彭妹主编. —长沙：湖南大学出版社，2024. 2（2025. 1重印）
学前教育专业"岗课赛证"融通教材/杨莉君总主编
ISBN 978-7-5667-3280-4

Ⅰ.①幼…　Ⅱ.①湖…　②赵…　③雷…　④彭…　Ⅲ.①幼儿园—课程—幼儿师范学校—教材　Ⅳ.①G612

中国国家版本馆 CIP 数据核字（2023）第 233954 号

幼儿园课程概论
YOU'ERYUAN KECHENG GAILUN

组　　编：湖南省学前教育学会
主　　编：赵艳红　雷　雨　彭　妹
丛书策划：罗红红　刘　锋
责任编辑：黎　镔
印　　装：湖南省众鑫印务有限公司
开　　本：787 mm×1092 mm　1/16　　印　　张：12　　字　　数：260千字
版　　次：2024 年 2 月第 1 版　　　　　印　　次：2025 年 1 月第 2 次印刷
书　　号：ISBN 978-7-5667-3280-4
定　　价：42.00 元

出 版 人：李文邦
出版发行：湖南大学出版社
社　　址：湖南·长沙·岳麓山　　　　　邮　　编：410082
电　　话：0731-88822559（营销部），88821173（编辑室），88821006（出版部）
传　　真：0731-88822264（总编室）
网　　址：http://press.hnu.edu.cn
电子邮箱：553501186@qq.com

学前教育专业"岗课赛证"融通教材
编 委 会

序

学前教育是终身教育的开端，关系亿万儿童的健康成长、千家万户的切身利益、国家和民族的未来。百年大计，教育为本；教育大计，教师为本。促进学前教育健康发展，关键在于建设一支高素质的幼儿园教师队伍。2018 年中共中央、国务院出台的《关于全面深化新时代教师队伍建设改革的意见》指出：教师承担着传播知识、传播思想、传播真理的历史使命，肩负着塑造灵魂、塑造生命、塑造人的时代重任，是教育发展的第一资源，是国家富强、民族振兴、人民幸福的重要基石。为深入贯彻落实中央精神，湖南省印发了《湖南省学前教育发展提升行动计划（2022—2025 年）》，要求对接各地教师需求，定向培养专科及以上层次学前教育教师，全力满足农村和欠发达地区对幼儿园教师公费师范生的培养需求；指导高校完善培养方案，注重培养学生观察了解儿童、支持儿童发展的实践能力，提高幼儿园师资培养培训质量。

培养高素质的幼儿园教师，加强课程和教师队伍建设是基础。2019 年国务院《国家职业教育改革实施方案》提出了"三教"改革的任务。而其中教材是育人之纲，是改革的基础，是教师实施教学改革的重要载体和有效途径。教育部《职业教育提质培优行动计划（2020—2023 年）》强调，要完善职业教育教材规划、编写、审核、选用使用、评价监督机制。2021年教育部《"十四五"职业教育规划教材建设实施方案》强调教材建设的权威性、前沿性、原创性，要打造培根铸魂、启智增慧、适应时代要求的精品教材。当前，学前教师教育教材虽然品种丰富，但是随着国家政策的调整、职业教育理念的变化及学科的飞速发展，在一定程度上存在理念落后、体系陈旧等问题。例如：以学科为中心的理论教材过剩，以学生为本、对接岗位的"岗课赛证"融通教材缺少；传统纸质教材过剩，媒体融合的新形态教材缺少。

　　有鉴于此，我们和湖南大学出版社设立课题组，组织学前师范院校的知名专家学者、幼儿园园长编写了这套学前教育专业"岗课赛证"融通教材。从总体上来看，这套教材有如下特点：

　　一是全面研究设计，系统规划建设。即从研制人才培养方案着手，研究确定了毕业生的培养要求、专业课程设置和课程标准，以及配套的课程教学资源与课程试题库、幼儿园教师资格考试试题库。

　　二是坚持立德树人，强化课程思政。本系列教材的编写坚持立德树人根本任务，厚植爱国情怀，以铸就师德师魂，培养适应新时代社会发展需要的卓越幼儿园教师为目标。教材内容的选择充分体现了社会主义核心价值观，突出学前教育在国民教育中的基础性作用。

　　三是对接岗位需求，做到"双元"合作开发。教材以幼儿园教师工作岗位为起点，将岗位人才需求落实在教材中，把幼儿园的典型工作任务、幼儿园的真实工作情境和幼儿园工作的经典案例引入教材。坚持园校"双元"开发，以模块式教学和案例学习为主。

　　四是倡导岗课赛证，力争互融互通。教材内容与幼儿园对教师能力与素质的要求完全一致，涵盖一日活动、游戏活动、保教活动等幼儿园教育全过程；与幼儿园教师资格考试大纲中的专业知识、保教能力、职业道德等考点相契合，设置"考点聚焦"栏目。同时，将学生技能竞赛项目等内容有机融入教材建设，以赛促学，以赛促教，做到"岗课赛证"互融互通。

　　五是实行多媒体融合。充分利用现代信息技术，将多媒体的教学资源与纸质教材融为一体。纸质文本上的二维码链接，可以展示图文、音频、视频等数字媒体信息，使平面阅读扩展为多媒体阅读，做到纸质文本与数字资源相结合、线下面授与线上学习相结合。

湖南省学前教育学会

2023 年 6 月

目 次
CONTENTS

教学资源

幼儿园课程概述

 学习目标

素质目标

→ 乐于运用所学知识反思自身的观念体系。

→ 形成将中国优秀的学前教育文化融进幼儿园课程的意识。

知识目标

→ 理解课程的本质，并了解各课程观的优势和缺陷。

→ 理解幼儿园课程的内涵，掌握其特点。

→ 了解幼儿园课程的类型，理解课程的基本要素。

能力目标

→ 能够运用课程本质观和幼儿园课程特点，反思自身的幼儿园课程观念体系，从而形成合理的幼儿园课程观念体系。

→ 能够运用课程的要素、类型、本质观等方面的分析框架解释幼儿园的课程现象。

 **单元导航**

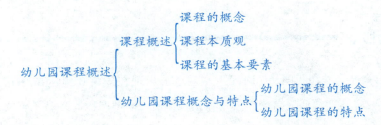

 **情境导入**

　　赵老师有一次到一个乡村幼儿园调研，正赶上李老师教大班幼儿认识"高高的白杨树"。30多名幼儿排排坐着，看着前面黑板上贴着的白杨树的结构、形状、用途……活动结束后，赵老师和李老师进行了简短的交流。

　　赵："李老师，幼儿园有白杨树吗？"

　　李："没有。"

　　赵："你怎么想到教幼儿认识白杨树的呢？"

　　李："我们用的教材就是这样安排的。"

　　赵："幼儿园里有好多的树木，为何不带孩子认识这些树呢？"

　　李："教材上没有安排认识这些树。"

　　赵："能不能把教材上的白杨树改为幼儿园的榕树呢？"

　　李老师按照教材进行教学，远离幼儿的生活，在李老师的观念里，课程就是教材内容，必须按部就班进行，你认同李老师的观点吗？

任务一　课程概述

　　课程是教育中最重要，也是最复杂、最难以把握的问题之一。课程是一个关于教育目标、内容、方法和评价等的系统，是把教育思想、教育理论转化为教育实践的桥梁。在教育领域中，课程是含义最复杂、最多样化的概念之一，要设计课程、理解课程实践，必须对课程的含义有一些基本的认识。

微课：课程概述

一　课程的概念

　　课程一词由来已久。在我国，"课程"一词最早出现在唐朝孔颖达在《五经正义》中为《诗经·小雅》的"奕奕寝庙，君子作之"作的注疏："维护课程，必君子监之，乃依法制。"但这里"课程"指代的是"奕奕寝庙"，即"宏伟的殿堂"，其含义与我们今天所用之意相去甚远。首次在学校教育中使用"课程"一词的当数宋朝朱熹，他在《朱子全书·论学》中频频提及课程，如"宽着期限，紧着课程""小立课程，大作功夫"等。虽然朱熹对"课程"一词没有作明确的界定，但其意义是十分清楚的，"课"指功课内容，"程"指进程，合起来即为功课的进程。

在西方，curriculmn（课程）一词最早出现在哲学家赫伯特·斯宾塞（Herbert Spencer）《什么知识最有价值》一文中。其词源于拉丁语"currere"，意思是"跑道"。根据这一词源，可知西方最早对课程的定义是"学习的进程"。

想一想

课程的基本含义是什么？

二 课程的本质观

在探讨课程的本质时，学者们所持的哲学观、社会学观、教育信念等各不相同，他们自然都从各自不同的角度对"课程"的本质作了不同的定义。美国学者奥利瓦（Peter Oliva）曾对这些定义作过分析与归纳，提出了13种具有代表性的课程观：①课程是教材；②课程是一系列的学科；③课程是系列学习材料；④课程是学校中传授的东西；⑤课程是在教师指导下，在学校内外所传授的东西；⑥课程是学校全体教职员工所涉及的事情；⑦课程是学习计划；⑧课程是科目顺序；⑨课程是系列行为目标；⑩课程是学习的进程；⑪课程是学习者在学校所经历的经验；⑫课程是学习者在学校所获得的一系列经验；⑬课程是在学校中所进行的各种活动。

我们可以把上述13种课程观再进行归类：①到⑥可以归纳为教学科目；⑦到⑩可以归纳为教学目标与计划；⑪⑫强调的是学习者的经验；⑬强调的是活动。所以，课程的定义可概括为以下四类。

1. 课程即学科

将课程定义为学科是最普遍、最长久、最常识化的定义方式。例如，我国古代的课程包括礼、乐、射、御、书、数六艺（图1-1）；类似的，在中世纪初的欧洲，学校的课程包括文法、修辞、辩证法、算术、几何、音乐、天文学七艺。不论是我国的六艺还是西方的七艺，都是将关注点放在具体的科目上，也就是典型的科目型课程。这种定义方式体现出文化对人的价值，是学科专家对世界意义的理解。

课程学科观认为，课程的表现形式是各科目的教学大纲、教材等学科知识资料的汇总。这种观点将课程内容与课程过程割裂开来，强调向学生传授系统的学科知识体系，一方面有利于学生掌握系统化的学科知识；另一方面却忽视了学生的情感、经验、兴趣、个性、学习能力等个性化因素的差异，导致部分学生缺乏学习兴趣，进而影响学习效果。这种观点把课程视为外在于学习者的静态内容，忽视了学习者经验及个性化的发展，割裂了知识与社会生活、知识与学生学习水平的联系。

图1-1　六艺

2. 课程即教学目标与计划

"课程是教学计划"这一观点倾向于从计划的维度来定义课程。例如，塔巴（Hilda Taba）将课程定义为"一种学习计划"；奥利瓦也将课程定义为"学习者在学校指导下所获得全部经验的计划和方案"；约翰逊（Mauritz Johnson）认为，课程是"一系列有组织的、有意识的学习结果"；课程即目标的观点倾向是在计划上的精细化，把课程认为是教学过程达成的目标，强调教学的结果导向。

教学计划观认为，课程是教育的蓝图与方案，其表现形式包括课程（教学）计划、教学大纲（课程标准）、教科书。这种观点针对课程学科观中学科知识与学生学习水平的关系被割裂的缺陷，根据学生的发展规律，将学科知识与学生的学习规律联系起来，调整学习的坡度，使之符合学生的学习规律，进而提高其学习效果。这种观点的优势是有利于大部分学生掌握系统化的学科知识；而其弊端是过于强调课程的计划性、预成性与社会目标，因而忽视学生的实际需要与课程的灵活性、生成性，导致影响学生的学习兴趣，不利于促进学生的个性化的学习。这种观点将课程视为静态的、既定的、外在的概念，难以适应教育的动态变化和个性化需求。

3. 课程即学习者的经验

以经验的维度界定课程，起源于约翰·杜威（John Dewey）（图1-2）的进步主义教育思想。杜威认为："教育是在经验中，由于经验，为着经验的一种发展过程。"他主张"把各门学科的教材或知识各个部分恢复到原来的经验"。杜威认为，唯有儿童实际经历、理解和接受了的经验，才能称为儿童学习到的课程。杜威将经验倾向的教学过程分为五个步骤：第一，儿童要有一个真实的经验情境，即对活动本身感兴趣的连续活动；第二，在活动中产生一个促使儿童思考的问题；第三，调动已有的经验，从事必要的观察；第四，儿童产生解决问题的种种设想；第五，儿童把思维结果运用于实践，检验这种方法的可靠性。通过这种活动让儿童在应用已有经验的基础上解决新问题，获得新方法、新策略、新认知和新经验。在二十世纪二三十年代，我国的幼儿教育工作者受进步主义教育思想的影响，也倾向于将课程看成儿童活动的经验。

这种课程定义认为，课程就是学习者所获得的经验，应该"以儿童的主体性活动经验为中心"组织课程。现在幼儿园课程领域中经常谈到的生活课程、活动课程、儿童中心课程就属于这种经验课程。经验本质观把课程的重点从教材转向学生个体，强调学生在活动中获得的真实体验，突显了学习对学生生活的意义，强调课程的生成性、动态性和个性化；但它容易忽视系统知识和种族经验，不利于学生形成完整的文化知识和学

图1-2　约翰·杜威

科知识结构。此外，"经验"一词过于宽泛，因此对课程设计者提出了很高的专业要求。

幼教案例

某幼儿园大班的孩子特别喜欢玩"跳房子"游戏，只见他们一边唱着"捡石子，丢石子，跳呀跳房子，左脚抬，右脚跳，转了一圈换脚跳"，一边在地上的"房子"里蹦蹦跳跳，开心极了。可是，地上的"房子"只有一个，而想玩的孩子却很多，大家不得不排队等候。等着等着，聪明的莎莎突然说："房子太少了，我们能不能换一种玩法呢？"李老师听到这个想法，灵机一动，马上和孩子们展开讨论，组织了一次房子设计活动。

李老师通过观察幼儿的"跳房子"游戏，发现存在"房子"少、幼儿不能参加游戏的情况。她通过组织一场"设计新房子"的活动，让每个幼儿都能参与其中，既解决了"房子"少的问题，也适时地开展了一个成功的活动，激发了幼儿的创造力与想象力。这种通过观察幼儿的日常生活，然后再根据观察所得而设计的课程，就属于经验课程。而李老师在此处体现的就是经验取向的课程本质观。

4. 课程即活动

课程活动论和课程经验论相似，它们都认为与教育情境互动的活动是学生获得经验的必经之路。不同之处在于，课程活动论者不仅会根据学生的普遍性经验设置活动，也会根据学生的个性化需求，设置相应的特色活动，这样可以规避课程经验论的内在性、无标准性的缺点。当前幼儿园的课程设计就体现了课程活动本质观，其中既包含了学习基础知识所需的基础性活

动，又存在根据幼儿的个性化需求设计的特色化活动。

将课程定义为活动，较好地把握了教育中的共性与个性、主体和客体、过程与结果等关系，能够发挥教育的张力；但同时也出现了刻意追求表面形式、为活动而活动的"活动主义"倾向，导致出现教育价值未实现。教育目标未达成的浅层学习现象。活动倾向中不仅要关注学生的学习形式的丰富性，更要关注学生的学习品质、思维深度和学习成果。

 拓展阅读

表 1-1　学科中心课程与经验中心课程的区别

	学科中心课程	经验中心课程
中心	教师为中心：课程教学设计主体 知识为中心：教材为本 课堂为中心：教师讲授为主	学生为中心：学生经验为设计起点 问题为中心：直接体验 活动为中心：学生主动活动中学习
课程目标	学生的知识获得和智力发展为主	学生问题解决能力和个性全面发展
课程内容	学科知识体系	学生经验体系
课程过程	教师讲授、学生练习为主	教师创造条件促进学生自主活动学习为主
课程评价	知识获得为主，客观定性或定量评价为主	经验获得为主，主观综合评价为主

事实上，每一种具有代表性的课程定义的出现，都是指向当时特定社会历史背景下课程所出现的问题，而且都隐含着倡导者各自不同的立场和价值取向。对于教育工作者来说，重要的不是确认这种或那种课程定义，而是要意识到各种课程定义所要解决的问题，以便根据课程实践的要求，作出明智的决策。

三　课程的基本要素

课程是一个庞大的体系，其中包含着课程理念、课程目标、课程内容、课程实施、课程评价和课程管理等基本要素。

 想一想

目前，幼儿园的课程资源丰富多样，如果你是课程筛选者，你需要考虑哪些因素来评估课程是否适合特定的幼儿园？

（一）课程理念

一个课程最核心的就是其理念，即该课程依据的教育哲学、教育心理学和儿童发展学。不同的教育哲学体现着不同的教育价值诉求，而这种教育价值的诉求最终会反映到课程目标上，决定课程的价值取向。例如，以人本主义为课程的哲学基础，那么强调个体的人文精神就将成为最重要的教育目标，人文知识就将被认为具有最高的价值。不同流派的教育心理理论解释了儿童学习的不同机制和特点。基于不同的教育心理学，其活动的模式和方法有所不同，如当代学前教育基于建构主义的学习方式，其活动体现间接教学活动的特点。不同的儿童发展学流派则解释了儿童的不同发展需求和发展规律，进而决定了课程内容的选择和安排，形成最终内容的结构体系。

目前，根据知识、社会和学生之间的关系选择，课程理念呈现三种倾向。第一种是学科中心取向的课程，这一理念以永恒哲学和要素哲学为基础，注重学生的学科知识、认知能力、理智发展和科学探究能力。在这种课程理念下，学生的学科知识、认知能力、理智发展和科学探究能力被置于极高的高度，并且被认为具有永恒的价值。这种课程观强调学科本身，选择那些对学生的理智核心素养发展最有帮助的知识，以学科为基础构建课程的内容体系，以学生的接受能力为基础构建课程的活动体系。第二种是学生中心取向的课程，这一理念主要依据存在主义和实用主义哲学，强调学生的个性化发展，以学生的兴趣和需求为基础构建动态的课程内容体系，以学生的建构和探究能力为基础构建课程活动体系。第三种是问题取向的课程，这种课程试图在学科中心和学生中心之间找到平衡。它以改造主义哲学为基础，聚焦困扰人们的生活领域的问题和社会领域的问题，以核心问题为内在逻辑构成课程内容体系，以解决问题的方式构建课程活动体系。

（二）课程目标

课程目标是指课程本身要实现的具体目标和教育价值，它是确定课程内容、课程实施和课程评价的基础。课程目标规定了某一教育阶段的学生通过课程学习以后，在发展品德、智力、美育、体质等方面期望实现的程度，从某种意义上说，所有教育目的都要以课程为中介才能实现，因此，课程本身就可以被理解为是使学生达到教育目的的手段。一般来讲，课程目标有广义和狭义两种。广义的课程目标是所有课程体系所要达成的目标，是学习各门课程的综合效果；狭义的课程目标则是某门课程所要达成的具体目标。确定课程目标，首先要明确课程与教育目的和培养目标的衔接关系；其次要对学生需求、社会需求、学科的发展等各个方面进行深入研究。课程目标有助于理清课程编制者的意图，使课程在注重学科逻辑体系的基础上，关注教师的教与学生的学，以及课程内容与社会需求的关系。

（三）课程内容

课程内容是为达成课程目标而需掌握的各门学科中特定的事实、概念、原理、技能、策略、价值观点及处理问题的方式等，它是学习的对象，源于社会文化，并随着社会文化的发展而不断发展变化。

　　课程内容一般由教育主管部门或学校根据时代的多样化需求，从丰富的知识文化资源中进行选择。以幼儿园语言课程为例，其内容的选择既要保证该年龄段幼儿语言目标的达成，又要包含当代最先进的语言文化资料，还要考虑幼儿的语言学习规律和水平。课程内容的组织则需要先根据心理逻辑及学科逻辑对经验和知识进行归纳整理，再采用课程论、单元法等方法进行组织。

　　从课程内容中可以衍生出教材内容和教学内容两个相关的概念。可以根据课程内容的重点和难点、学生的学习规律和发展规律、学科的发展趋势和教育教学要求等编写教材内容，并规定教学内容的范畴以及相应的教学路径和教学方法。课程内容是教材内容与教学内容的依据，而教材内容和教学内容则是实现课程内容的手段。

（四）课程实施

　　课程实施就是将课程方案付诸实践的过程，它被视为达成既定课程目标的基本路径。通常情况下，课程设计的质量越高，实施过程就越顺利，相应的效果也就更好。然而，即使课程设计得再出色，如果无法在实践中得到实施，那么也就失去了意义。

　　不同的课程本质会有不同的课程实施模式。从静态的课程本质观来看，课程实施就是研究一个比较理想的课程执行方案，其研究重点是考察课程执行方案中所设计的内容的落实程度，以及目标的达成程度。这种观点将课程方案看成静态的、固定的、不可变更的，实施就是一个执行过程。课程的执行者是学校和教师，他们应该理解课程目标，熟悉课程内容的教育价值和结构，执行课程方案中规定的活动。课程实施的效果如何，则取决于课程执行者对课程方案的理解水平和落实程度。

　　从动态的课程本质观来看，课程实施是一个师生共同参与的动态过程。课程实施是研究"一个预期的课程是如何在实际中运用的"，而课程目标和课程内容只是规定了幼儿发展的方向和课程内容选择的基本原则。因此，课程实施问题不只是研究课程方案的落实程度，还要研究学校和教师在执行一个具体课程的过程中，是否按照实际的情况对课程进行调整。

（五）课程评价

　　课程评价是对课程体系或者某门课程进行价值判断的过程，价值判断要求在描述事实的基础上，体现评价者的价值观念和主观愿望。课程评价也会受到课程理念的制约，基于静态课程本质观，被誉为"现代课程理论之父"的拉尔夫·泰勒（Ralph Tyler）（图1-3）认为课程评价过程实质上是一个确定课程与教

图1-3　拉尔夫·泰勒

学计划实际达成教育目标程度的过程。基于动态的课程本质观，课程专家凯利（A. V. Kelly）认为，课程评价是评估任何一种特定的教育活动的价值和效果的过程，既要评价活动的价值，也要评价课程实施的效果。课程评价的主体包含教师、校长、家长、外部行政人员及第三方机构；课程评价的对象包括课程计划、课程实施、结果等；课程评价的方法则有定量法和定性法等。

（六）课程管理

课程管理是保证课程质量的基础。课程管理者通过修正课程方案，创造实施课程方案所需要的条件和资源，组织和落实课程实施计划，评估课程过程及课程效果，带领课程团队实现课程预期目标和课程价值。课程管理主要是针对影响课程质量的基本要素的全方位和全过程管理。

总而言之，课程理念是课程体系的基础，课程目标、内容、实施和评价则是课程的重要组成部分，而课程管理则是提升课程质量的有力保障。一旦确定课程理念，课程目标、课程内容、课程实施和课程评价等就有可能统合成一个协调的整体，从而高效地发挥其功能。课程管理则可以促进课程的优化，不断提升课程质量，实现课程的价值。课程各要素间的关系见图1-4。

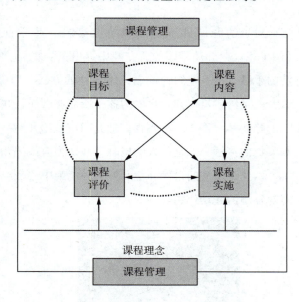

图1-4　课程要素关系图

任务二　幼儿园课程概念与特点

微课：幼儿园课程概念与特点

 一　幼儿园课程的概念

与小学和中学这两个学段中高度系统化、学科化、结构化的课程不同，幼儿园的课程通常会打破明显的学科界限，更强调启蒙性、综合性和游戏性。此外，幼儿园的课程也为儿童和教师创造了更大的空间，以便他们共同生成课程。

想一想

幼儿园课程与小学课程有什么区别？

对于幼儿园课程这一概念，我国一些学前教育家明确给出了他们的观点。张雪门（图1-5）在《幼稚园的研究》中提出："课程是什么？课程是经验，是人类的经验。用最经济的手段，按有组织的调制，用各种的方法，以引起孩子的反应和活动。幼稚园的课程是什么？就是给三足岁到六足岁的孩子所能够做而且欢喜做的经验的预备。"

陈鹤琴（图1-6）则强调幼儿园应该给儿童一种充分的经验，这种经验的来源有二，一是与实物的接触，二是与人的接触。他认为应该把儿童能够学和应该学的东西有选择地组织成系统，以儿童生活的自然环境和社会环境为中心来组织幼儿园课程。他的课程注重经验，强调儿童与环境的互动作用。

图1-5　张雪门

图1-6　陈鹤琴

张宗麟（图1-7）对课程本质的理解更为宽泛，他指出："幼稚园课程者，由广义地说之，乃幼稚生在幼稚园一切之活动也。"包括"一切教材，科目，幼稚生之活动"。

在当代，虞永平将幼儿园课程界定为："从幼儿身心发展的特点与特定的社会文化背景出发，有目的地选择、组织和提供的综合性的、有益的经验。"李季湄认为，课程是"实现幼儿园教育目的的手段，是保证幼儿获得有益学习经验，促进其身心和谐发展的各种活动的总和"。

以上几位幼教专家对幼儿园课程的定义和解释表明，我国幼教理论界从一开始就把幼儿的经验、幼儿的活动视为课程关注的

图1-7　张宗麟

重点，只是对于幼儿经验和活动的外延有区分。根据以上定义可知，幼儿园课程是实现幼儿园教育目的的手段，它把幼儿能够学的、应该学的、喜欢学的东西组成系统，是促进幼儿获得有益的学习经验，促进其身心全面和谐发展的各种活动的总和。这里所谓的各种活动，即《幼儿园教育指导纲要（试行）》所说的"有目的、有计划地引导幼儿生动、活泼、主动活动的教育过程"。

当代幼儿园课程本质观

目前我国对于幼儿园课程的主导观点是活动论，"活动"一词更能反映幼儿学习的本质和特点，因而也更适合解释幼儿园课程。对于处在"人之初"阶段的幼儿来说，由于其认知活动的具体形象性特征，他们的学习明显具有经验倾向，难以离开对客观事物的直接感知，难以离开与客观事物的相互作用——活动。因此，用活动来定义幼儿园课程，突出了幼儿学习的本质特征，更能体现课程为学习服务的基本职能。

《幼儿园教育指导纲要（试行）》将活动定义为"有目的、有计划地引导幼儿生动、活泼、主动活动的教育过程"。在肯定"活动"的同时，还在"活动"的前面加上"促进幼儿获得有益的学习经验""促进其身心全面和谐发展"作为限定，这样就更加突出了课程的目的性，避免了以活动来定义幼儿园课程可能导致的过于注重活动外在形式和过程从而忽视、忘却活动的目的的问题，可以起到进一步明确活动的指向性、目的性的作用，使过程与结果、形式和实质更加密切地融为一体。

定义中"活动的总和"则突出了幼儿园课程表现形式的多样性，指明凡是作为实现幼儿园教育目的的手段而运用的、能够帮助幼儿获得有益的学习经验的活动，无论是"上课"，还是游戏、生活活动，都是幼儿园课程的有机组成成分。

二　幼儿园课程的特点

幼儿园课程与小学、高中等其他各级各类教育的课程同属于课程范畴，因此，幼儿园课程与它们有一定的相似之处。例如，这些课程都反映了一定的社会价值，包含各种文化知识，并且都注重将这些社会价值和文化知识整合到学习者的经验之中。不过，幼儿的发展具有独特性，且幼儿园的教育有其独特的使命和目的，因此在许多方面又有别于其他各级各类教育的课程。

（一）基础性和启蒙性

3—6岁是幼儿身心迅速发展时期，该时期也是幼儿语言、动作、观察力、认知、情绪情感等发展的启蒙期和关键期，对幼儿各方面的发展和未来的成长有重要的影响。根据埃里克森的人格发展八阶段理论，3—6岁幼儿主要面临的是主动性与内疚感的心理冲突。在这一时期，如果幼儿表现出的主动探究行为受到鼓励，幼儿就会形成主动性，这将为他将来成为一个有责任感、有创造力的人奠定基础；相反，如果成人打击幼儿的独创行为和想象力，那么幼儿就会逐渐失去自信心，使他们更倾向于生活在别人为他们安排好的狭窄圈子里，丧失自己开创幸福生活的主动性。幼儿园的课程应该引导他们了解世界的各方面，担负起"启于始发，蒙以养正"的教育任务，为幼儿的发展起到正面的导向作用。

（二）全面性

学前教育是注重幼儿全面发展的素质教育，而幼儿园课程是实现学前儿童全面发展目标的手段。因此，幼儿园课程必须具有全面性，必须以实现幼儿在身体、认知、情感、个性、社会性等方面的全面和谐发展为目标。学前阶段是人生发展的开端，是启蒙开智的阶段，幼儿园的课程应该尊重幼儿身心发展的阶段性规律，切不可揠苗助长，追求过高的目标。

（三）生活性、浅显性

幼儿感性直观的思维特点使得他们在学习自己感兴趣的、可感知的、形象具体的内容时更有效率。幼儿的生活是丰富的、广泛的，其中有大量有利于幼儿发展的素材。幼儿园课程内容与现实生活的距离越近，就越能激发幼儿的学习兴趣，幼儿的学习也就越有效率。幼儿园课程的内容应主要来源于幼儿的实际生活，正所谓"大自然、大社会都是活教材"，在此基础上，应对生活进行适当"过滤"，组织多样化、感性化、趣味化的活动。

幼儿园课程内容的生活性决定了幼儿园课程内容不是系统、严格的学科知识的再现，而是会随着幼儿生活情境的变化而变化。幼儿园的课程要尊重幼儿的直接经验，而幼儿的直接经验是有限的，因此幼儿园课程内容还应浅显易懂。

（四）整体性和综合性

幼儿园虽然包含五大领域，但是五大领域的课程实际上是由多个领域整合而成。以语言领域课程为例，可能渗透社会规范、音乐元素、美术元素等。事实上，幼儿园中纯粹的分科课程较少，而幼儿身心发展水平和学习特点也决定了幼儿园课程应该是各领域的高度整合。因此，幼儿园课程不应追求将现实生活割裂或与现实生活不一致的知识体系，而应尽可能使多个领域之间建立联系，以促进幼儿的学习迁移。

（五）活动性和经验性

幼儿的主要思维方式是行动直觉思维和具体形象思维。这就要求幼儿在行动中学习、在行动中思考、在行动中加深理解。对于幼儿来说，只有以直接经验——身处具体的情境，接触具体的事物，与具体的人员进行互动和交流——为基础的学习才是理解性的学习。儿童如果离开了与环境相互作用的各种具体活动及情境，他们就难以认识所面对的世界。所以幼儿园课程实施的关键在于为幼儿创设有准备的活动情境、创设有利于幼儿自主探究的活动氛围，为幼儿提供各种互动的机会，使幼儿在一日生活活动中获得直接经验，提升他们的学习能力与效果。

（六）潜在性

虽然幼儿园教育的本质是有目的、有计划的教育过程，其课程也有明确的目标和基本明确的学习领域，但由于儿童知识经验匮乏、自我辨别与自我控制能力较低，因此幼儿园的课程不是体现在课表、教材、课堂教学或作业中，而是蕴藏在环境、生活、游戏等各种活动中。幼儿园的一砖一瓦、一草一木，教师的一言一行、一举一动无时无刻不影响着幼儿的发展。虽然环境创设和活动诱导启发都是教师根据幼儿园课程的目的、内容、要求而精心设计的，但这些目的、内容、要求等仅仅存在于教师的意识和行动中，幼儿并不一定能清楚地认识。也就是说，从幼儿的角度来看，幼儿园更像是一个共同生活、游戏、交往的地方，而不是学校。幼儿园课程蕴含在环境、材料、活动之中，潜移默化地作用于幼儿，影响幼儿的发展。因此，潜在性也是幼儿园课程的重要特点。

（七）游戏性

游戏是幼儿的"心理维生素"，因此，幼儿园课程的各要素中都应具有游戏的特点。尤其是课程内容与课程实施两个要素，幼儿园课程内容的组织应该遵循心理逻辑，即根据幼儿的兴趣来组织游戏化的课程内容。而在课程实施时，则应注重过程中幼儿的精彩观点和奇思妙想，而不只是关注游戏的结果。

考点聚焦

[考点梳理]

本单元知识在历年教师资格考试中多有涉及，且多以选择题和简答题形式出现，需要应考者能对课程理论拥有深入的理解。

答案解析

[真题演练]

一、单项选择题

1.（2018年下半年）绘画时飞飞在纸上画了一个黑色的太阳，对此李老师恰当的做法是（　　）。

A. 批评飞飞的画不合常理　　　B. 耐心地询问飞飞的想法

C. 替飞飞把太阳涂成红色　　　D. 要求飞飞重新画红太阳

2.（2023年下半年）《幼儿园教育指导纲要（试行）》中提到的五个领域，每个领域都可以提炼出一种关键的能力，艺术是（　　）。

A. 感受能力　　　　　　　　　　B. 表现能力

C. 创造能力　　　　　　　　　　D. 思维能力

3. (2021 年下半年)《幼儿园教育指导纲要(试行)》中的教育目标较多使用"体验""感受""喜欢""乐意"等词,这表明幼儿园教育强调(　　　)。

A. 知识取向　　　　　　　　　　B. 情感态度取向

C. 能力取向　　　　　　　　　　D. 技能取向

4. (2021 年上半年)下列各项中,不属于课程四要素的是(　　　)。

A. 课程设计　　　　　　　　　　B. 课程目标

C. 课程组织与实施　　　　　　　D. 课程内容

二、材料分析题

1. (2020 年上半年)阅读下列材料,回答题后的问题。

班上的幼儿总记不住要饭后漱口。一天早上,刘老师找了两个透明的塑料杯放在桌上,其中一个杯子里面装满了干净的水。早饭后刘老师让一个小朋友接水漱口,并让他把漱口水吐在空杯子里,让全班小朋友来观察。孩子们议论纷纷:"这两杯水不一样,一个很干净,一个很脏""那个杯子里的水里有东西了"。刘老师问:"这些脏东西原来藏在哪儿呀?"他们纷纷说道:"藏在小朋友的嘴里""藏在舌头底下""粘在牙上的""藏在牙缝里的"。刘老师把装着漱口水的杯子放进盥洗室。

午睡后,孩子们去盥洗室解便洗手,捂着鼻子说:"房间里是什么味?真难闻!"这时,放杯子的地方围着几个小朋友,正在议论。孩子们指着杯子问:"这是什么呀?真臭。"原来漱口水已经变臭了。这时刘老师走过来,看见孩子们一脸的惊讶,问道:"大家想一想,这些东西在口里会怎么样?"有的孩子说:"也会变得好臭,生出许多细菌来。"还有的孩子说:"原来我们的牙齿就是这样的!那吃完饭得把口漱干净。"有一位小朋友说:"我回家告诉爸爸妈妈,让他们吃完饭后也一定要漱口。"自那次观察活动后,孩子们漱口再也不用老师提醒了。

请从教育观的角度,评价刘老师的教育行为。

2. (2017 年下半年)为什么幼儿园教育内容要贴近幼儿的生活?

思考与练习

1. 课程的基本要素包括哪些?

2. 课程的定义主要可以分为哪几类?

3. 参观一所幼儿园,选择主题课程,分析主题课程各要素的特点。

参考答案

	要素特点
课程理念	
课程目标	
课程内容	
课程实施	
课程评价	
悬缺课程	

单 元 二
幼儿园课程目标

 学习目标

素质目标

✦ 运用所学知识反思幼儿园课程目标，并具体落实到幼儿园一日活动中。

知识目标

✦ 了解幼儿园课程目标的制定依据、价值取向、遵循原则。

✦ 掌握幼儿园课程目标的层次结构及目标的表述。

能力目标

✦ 学会幼儿园课程目标表述的基本方法，能够熟练分析并制定幼儿园课程目标。

 **单元导航**

幼儿园课程目标

├ 幼儿园课程目标概述
│ ├ 幼儿园课程目标的内涵
│ ├ 幼儿园课程目标的层次结构
│ └ 幼儿园课程目标的取向
│
└ 幼儿园课程目标的制定
　 ├ 幼儿园课程目标的制定原则
　 ├ 幼儿园课程目标的制定依据
　 └ 幼儿园课程目标的制定方法及表述

在教育实践中，刚入职的王老师发现，虽然在同一个地区，不同幼儿园的课程却各不相同，课程的名字也各种各样，有的叫"幼儿园综合活动课程"，有的叫"幼儿园活动整合课程"，有的叫"幼儿多元能力探索课程"……面对种类繁多的课程，王老师感到很疑惑。

从理论上来说，幼儿园课程与中小学课程不一样，没有统一的要求，各幼儿园可以根据实际情况选用不同课程和教材，但是，怎样才能判断这些所谓的"课程"都符合课程建设与实施的基本要求，保证幼儿园教育的质量呢？

任务一 幼儿园课程目标概述

微课：幼儿园
课程目标概述

 幼儿园课程目标的内涵

幼儿园课程目标是幼教工作者通过各种教育活动，对幼儿在一定学习期限内的学习效果的预期，决定着幼儿园课程设计工作的方向与性质、课程内容的选择与组织。确定幼儿园课程目标，首先要明确课程与教育目的、教育目标、课程目标和教育活动目标之间的关系，以确保这些目标在课程中得到体现。

（一）教育目的

教育目的是培养人的总目标，指国家或社会对教育所要造就的人的质量规格而作出的总体规定与要求，即解决把受教育者培养成什么样的人的问题。具体来讲，教育目的由一定社会的政治、经济、生产的发展状况，以及文化科学技术发展的要求和受教育者身心发展的状况决定，反映了社会对受教育者的要求，是教育工作的出发点和最终目标。

《中华人民共和国教育法》明确指出："教育应当坚持立德树人，对受教育者加强社会主义核心价值观教育，增强受教育者的社会责任感、创新精神和实践能力。"现阶段，我国的教育目的是：以培养学生的创造精神和实践能力为重点，造就"有理想、有道德、有文化、守纪律"的德、智、体、美等全面发展的社会主义事业的建设者和接班人。

（二）教育目标

教育目标是指所培养的人才应达到的标准。教育目标是教育目的的下位概念，它直接决定着课程的性质和方向，规定了不同性质、不同阶段的教育价值。

《幼儿园工作规程》中规定了幼儿园的教育目标——对幼儿实施体、智、德、美诸方面全面发展的教育，促进其身心和谐发展。这是国家规定的教育目的在幼儿园阶段的具体化。

（三）课程目标

课程目标是教育目标的下位概念，是一定的教育目标在课程领域的具体化。在教育目标的框架下，课程目标体现出课程开发与教育活动的价值取向。设置课程目标有助于使课程编制者不仅注意到学科的逻辑体系，而且关注到教师的教与学生的学，以及课程内容与社会需求的关系。

（四）教育活动目标

教育活动目标是关于教育活动将使幼儿发生何种变化的明确表述，是指在幼儿园教育活动中所期待得到的幼儿的学习结果。教育活动目标对教育活动的具体开展起着重要作用，教育活动以教育活动目标为导向，且始终围绕实现教育活动目标而进行。

 **想一想**

为什么说课程目标既是课程设计的起点也是课程设计的终点？

二　幼儿园课程目标的层次结构

（一）幼儿园课程目标的层次（纵向结构）

幼儿园课程目标的层次是指幼儿园课程目标的纵向结构。无论是以学习内容为结构框架还是以幼儿发展领域为结构框架，课程目标都可以从上到下分为 4 个层次，即幼儿园课程总目标、年龄阶段目标、单元目标和教育活动目标（图 2-1）。这四个层次从表述上是按照越来越具体，从时间上是按照从远期到近期的结构展开的。

1. 幼儿园课程总目标

在我国，幼儿园课程目标是教育目标在相关领域的落实，因而与领域目标的内涵接近。我国在 2001 年颁布的《幼儿园教育指导纲要（试行）》中，把幼儿园的教育内容分为健康、语言、社会、科学、艺术五大领域，各个领域都有其明确的目标。如语言领域的目标就包括①乐意与人交流，讲话礼貌；②注意倾听对方讲话，能理解日常用语；③能清楚地说出自己想说的事；④喜欢听故事、看图书；⑤能听懂和会说普通话。

2. 年龄阶段目标

年龄阶段目标是幼儿园课程目标落实到幼儿不同年龄阶段的目标。因此，幼儿园课程的年

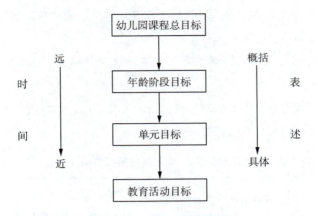

图 2-1   幼儿园课程目标的层次

龄阶段目标是由相互连接、逐渐递进的 3 个不同的年龄阶段目标组成的。以内容为结构框架的年龄阶段目标不仅要考虑课程的几个内容维度，还要考虑幼儿年龄发展的维度。例如，《3—6岁儿童学习与发展指南》中就明确了幼儿园语言领域对于倾听与表达的年龄阶段目标（表 2-1）。

表 2-1   幼儿园语言领域倾听与表达的年龄阶段目标

3—4 岁	4—5 岁	5—6 岁
1. 别人对自己说话时能注意听并作出回应 2. 能听懂日常会话	1. 在群体中能有意识地听与自己有关的信息 2. 能结合情境感受到不同语气、语调所表达的不同意思 3. 方言地区和少数民族幼儿能基本听懂普通话	1. 在集体中能注意听老师或者他人讲话 2. 听不懂或有疑问时能主动提问 3. 能结合情境理解一些表示因果、假设等相对复杂的句子

3. 单元目标

单元目标是年龄阶段目标的再分解，具体而言，有两种划分单元目标的方式。一是以内容单元的形式划分，即根据教育目标及相关教育内容的特点，把某一组目标及其相关内容有机组织起来，构成主题单元。这样划分的单元目标涉及的范围较小，例如，幼儿园大班主题活动"春天"的单元目标：

大班主题活动：春天

单元目标（主题目标）：

（1）知道春天周围景物发生了哪些有趣的变化，知道春天有哪些常见的疾病和相应的卫生保健知识，知道春天的一些传统节日及习俗。

（2）能用朗诵、绘画等方式描绘春天，并体验创作的快乐；讲卫生，能预防传染病；能够积极参加春天的传统节日活动，体验民族习俗。

（3）喜欢春天，愿意围绕"春天"的主题进行各种活动的探索；养成讲卫生的习惯；感受传统民族文化。

二是以时间单位的形式划分，即根据教育目标及相关教育内容的特点，把年龄阶段目标划分为学期目标、月目标、周目标、日目标等（表2-2）。

表2-2　某幼儿园小班3—6月健康领域活动计划表

健康	3月	保健	1. 能根据自己的需要主动喝水 2. 知道去厕所大小便，能区分男女厕所，知道便后用手纸并洗手 3. 能独立入睡，能自己穿、脱衣服 4. 知道安全对身体、生活的重要性，有注意安全的意识
		体育	1. 愿意参加体育活动，初步体验活动的乐趣 2. 能在成人的引导下大胆参与户外体育活动
	4月	保健	1. 能用简单的语言、动作和表情表达高兴、生气等情绪 2. 会用自己的毛巾，并将毛巾放回原处
		体育	能积极、主动、大胆、愉快地参与体育运动，并掌握走、跑、跳、钻、爬等基本动作
	5月	保健	1. 有意识地不对着他人或饭菜打喷嚏、咳嗽 2. 知道生活中存在危险，知道遇到危险时可采用报警、呼叫等方法
		体育	1. 愿意探索接球、抛球、滚球等多种玩球方法 2. 会按口令做各种动作和模仿操，动作较协调
	6月	保健	1. 了解五官的功能及保护方法，不长时间看电视，不挖鼻孔，不掏耳朵 2. 知道一些食物对身体有好处，有节制地吃冷饮和零食 3. 摔伤、流血、身体不适时能及时告诉成人，打针、输液时能控制自己，不哭不闹
		体育	1. 知道常用体育器械的使用及保护方法，知道体育活动中的自我保护常识 2. 喜欢抓、捏、穿、搭、拼等操作活动，动作发展协调 3. 学习坐、立、行的正确姿势

4. 教育活动目标

这是微观层次的课程目标，是指某一具体的教育活动所期望达到的目标或所引起的幼儿行为的变化。它是单元目标的具体化，是一种具有操作性的目标，一般要求制定得具体、清晰。例如大班健康活动"食物金字塔"的教育活动目标：

大班健康活动：食物金字塔

教育活动目标：

（1）知道食物金字塔结构，认识人体所需要的食物及其作用。

（2）愿意均衡摄取营养，初步建立健康饮食的理念。

（3）根据食物金字塔的要求，能通过小组合作修改一日食谱。

一般来说，第一、第二层目标由课程研究人员制定；第三、第四层目标由幼儿园教师参与制定。需要指出的是，教师有时候也要参与第二层目标的制定。

（二）幼儿园课程目标的横向结构

关于课程目标的横向结构问题，本杰明·布鲁姆（Benjamin Bloom）等人的目标分类理论具有代表性。本杰明·布鲁姆等人在著作《教育目标分类学》中，以幼儿身心发展的整体结构为框架，为建立教育目标体系提供了一个比较规范、清晰的形式标准，把教育目标分为以下3个领域：①认知领域，包括知识的掌握、理解或回忆、再认，以及认知能力的形成和发展等方面的目标；②情感领域，包括兴趣、态度、习惯、价值观和社会适应能力的发展；③动作技能领域，包括感知动作、运动协调、动作技能的发展。

每一领域又按其性质由简到繁、由易到难、由具体到抽象、由低级到高级分为若干层次。例如：①认知领域又分为知道、领会、应用、分析、综合、评价；②情感领域又分为接受（留意）、反应、估价、组织、性格化；③动作技能领域又分为反射动作、基本动作、知觉能力（动觉、视觉、听觉、触觉辨别能力）、体能（耐力、韧性、力量）、敏感性、适应能力和有意沟通（表现动作、创造性动作等）。

本杰明·布鲁姆等人提出的教育目标分类标准体现了对人发展价值的重视。经过多年的实践探索，幼儿教育工作者以本杰明·布鲁姆等人的目标分类学为依据，将其含义与学前教育实践对接，将幼儿园课程的目标分为认知、情感、能力3个维度。以大班音乐活动"狮王进行曲"为例，其活动目标的3个维度表达如下：

大班音乐活动：狮王进行曲

（1）认知目标：根据故事和图谱提供的线索，初步了解音乐的结构及音乐所表现的狮王形象。

（2）情感目标：大胆想象狮王的动作和表情，体验创造和表演的快乐。

（3）能力目标：能够感受音乐的变化，并用动作、表情、嗓音等表现出音乐的特点。

由于幼儿年龄小、身心发展迅速，因此建立幼儿园课程目标体系必须考虑三个维度：幼儿的心理结构（即认知、情感、技能的发展）、幼儿园的教育内容（健康、语言、社会、科学、艺术）、幼儿的发展水平。只有三大维度全面兼顾，才能制定出适宜的幼儿园课程目标，即幼儿园课程目标体系的理论建构模式应该是一个由上述三个维度综合构成的三维立体模型（图2-2）。

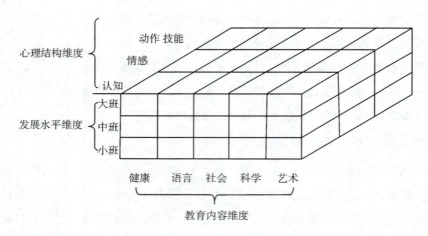

图 2-2 幼儿园课程目标体系的理论建构模型

三 幼儿园课程目标的取向

课程目标是一定的教育价值理念或者教育目的在课程领域的具体化，任何课程目标总是带有一定的价值取向。明确课程目标的价值取向有助于人们更好地把握课程目标，提高制定课程目标的自觉性与自主性。在幼儿园课程中，较为常见的目标形式有行为目标、生成性目标和表现性目标。

（一）行为目标取向

行为目标是以幼儿具体的、可被观察的行为表述的课程目标，包括行为主体、行为动词、行为条件和行为达成程度，它指向的是实施课程以后在幼儿身上所发生的行为变化。行为目标具有客观性、精确性、具体性、可操作性等特点。这些特点使得教师在将课程内容以行为目标的形式向幼儿陈述时能够更清楚、更明确教学任务，这不仅有利于教师有效地把控教学过程，更有利于教师将课程内容与上级检查者、幼儿家长和幼儿展开交流。

行为目标表述的角度有两种：一种是从幼儿的角度表述，指明幼儿通过学习应该达到的发展程度，如注意倾听对方讲话，能理解别人的意思；尝试运用多种方式表达自己的发现；能感受和发现磁铁的特性；等等。另一种是从教师的角度表述，指明教师应该做的工作或应该努力达到的教育效果，如培养幼儿形成良好的卫生习惯，增进幼儿对周围环境的认识，增强幼儿感受美、表现美的能力等。

目前，大多数人主张从幼儿的角度表述幼儿园的课程目标，以促使教师的注意力向幼儿转移，克服以往教育中教师较多注意自己"教"的行为，而忽视幼儿的"学的效果"的倾向。

（二）生成性目标取向

生成性目标是在教育过程中生成的课程目标，它在教育情境中始终跟随着教育过程。如果说行为目标关注的是结果，那么生成性目标关注的则是过程。生成性目标是非预成性的，是在教育情境中自己产生的目标。英国课程论专家斯滕豪斯（Lawrence Stenhouse）认为，真正的教育使人类更加自由，更加富有创造性。

以生成性目标为取向的学者认为，教育是一个演进过程，课程目标反映的并不是此过程某些阶段的性质，而应是此过程的方向的性质。它不仅反映了解决问题的过程和结果，还间接地反映了儿童经验生长的内在要求。

生成性目标取向在人本主义课程理论中发展到了极致。人本主义心理学家罗杰斯（Carl Rogers）认为，凡是可以教的东西，相对而言都是无用的，对人的行为基本上不会产生什么影响，而真正能够影响人的行为的知识，只能是他自己发现并加以同化的知识。所以说，有利于帮助儿童发展的知识经验的不是课程本身的界定和测量，而是他们自身的生长以及个性的完善。

（三）表现性目标取向

表现性目标是美国课程理论专家艾斯纳（Elliot Eisner）在自己多年的艺术教育实践中受到启发而提出的一种目标取向。艾斯纳在研究中发现，在艺术领域里，预定的行为目标并不适用，因此提出了表现性目标作为补充。他认为在课程编制中存在教学性目标和表现性目标。教学性目标是课程实施前预先规定好的，规定儿童在完成学习后所应该习得的知识、技能等，它适合于表述文化中已有的规范和技能，它对于学生有共同的要求。

表现性目标是一种非特定的、较广泛的目标，与教学目标不同之处在于它强调的是个性化，目标指向的是培养儿童的创造性。表现性目标不规定儿童在完成学习活动后应该获得的行为，而是指向每一个儿童在作业的情境下，将要解决的问题或从事的任务是什么，却从不指定学生从这些情景、问题、任务中应该学到什么。表现性目标鼓励儿童运用已有的技能，拓展并探索自己的观点、意向和情感。因此，表现性目标不追求儿童反应的一致性，而是追求反应的多样性和个性化。

行为目标具体明确，便于操作和评价，但儿童的发展并不都有外显的行为变化，有些课程目标也无法用外显的行为来表述。生成性目标关注儿童兴趣、需要的变化，强调儿童个人的经验与成长，但在实际的教育中，这种目标很难落实到每个儿童身上。表现性目标考察儿童个性和创造性的表现，但难以保证每个儿童都能达到要求。在教育实践中，教师需要根据课程中要解决的具体问题而选择不同形式的课程目标。在幼儿园课程的编制中，可以兼容各种课程目标取向，以每一种课程目标取向的长处弥补其他种课程目标取向的短处，为完成幼儿园教育的目标服务。

 想一想

　　为什么生成性目标难以落实到每个儿童身上？

微课：幼儿园
课程目标
的制定

任务二　幼儿园课程目标的制定

 幼儿园课程目标的制定原则

（一）整体性原则

　　幼儿园的教育任务是对幼儿实施德、智、体、美全面发展的教育，促进其和谐发展。作为实现幼儿园教育功能的载体——幼儿园课程应能促进幼儿的全面发展。因此，在制定幼儿园课程目标时，应遵循整体性原则。从幼儿发展的全面性来讲，幼儿园课程应能促进幼儿在健康、语言、社会、科学、艺术各领域的发展；从幼儿心理发展的结构性来讲，幼儿园课程应能促进幼儿在情感态度、认知能力等方面的发展。

（二）系统性原则

　　系统性原则指的是课程的目标要具有连续性和一致性。第一，阶段性目标之间要相互衔接，体现幼儿心理发展的渐进性。第二，局部目标和整体目标、下层目标和上层目标之间要协调一致。每层目标都应该是上一层目标的具体化，以保证每一个具体目标都是实现上层目标的有效环节，都是实现总目标的步骤。

（三）可行性原则

　　幼儿园课程目标的制定应考虑到本国、本地、本园及本班幼儿的实际情况，即要考虑幼儿的可接受性。中长期课程目标的制定要以我国《3—6岁儿童学习与发展指南》为依据，单元目标与具体活动目标的设置一方面要依据上层目标，另一方面要依据本园、本班幼儿的实际发展水平，切不可树立"高不可攀"的目标，使幼儿丧失学习的兴趣和信心。遵循可行性原则制定的课程目标应处于幼儿的"最近发展区"，是幼儿经教师引导和个人努力而能达到的目标。

（四）时代性原则

教育是一种社会现象，是一种以影响人的身心发展为本质特征的社会性活动。不同时代的教育都必然反映所处时代的社会、政治、经济、文化等方面的发展变化。基于教育的时代性特点，我们在制定幼儿园课程目标时，就应该且必须考虑时代变迁对人才的要求和对教育的要求。面对社会的发展与时代的变迁，联合国教科文组织提出教育要培养学生四种基本学习能力，即学会认知、学会做事、学会共同生活和学会生存。我国在制定幼儿园课程目标时，也应充分考虑社会与时代变化对人才素质的要求，在目标的表述中充分体现培养幼儿的责任感、创新能力、应变能力、处理人际关系和组织协调的能力、合作精神等方面。例如，在幼儿园社会领域目标中提出：能主动地参与各项活动，有自信心，乐意与人交往，学习互动、合作和分享，有同情心，能努力做好力所能及的事，不怕困难，有初步的责任感。

（五）缺失优先原则

缺失优先原则即"补偿性"原则。一般来说，由政府或课程专家们制定的幼儿园课程总目标是一种理想的目标，幼儿现实的发展与这种理想目标之间必然存在着差距，并且这种与理想目标方面的差距在不同群体、不同个体当中可能是不一样的。其中，差距最大的部分应在制定地方课程纲要时特别突出、强调。要重视幼儿发展中存在的不足，在课程的各个环节中给予其特别的关注，以保障他们基本的学习权和发展权。例如，不少调查发现，大城市的幼儿小肌肉动作发展较好，大肌肉动作发展较差；而农村、山区的儿童恰恰相反。因此，在城市、农村的课程中动作发展目标的重点就要有所不同，以发挥教育"长善救失"的作用。

（六）辩证性原则

课程设计中处处应该体现辩证的观点，课程目标的制定尤其如此。辩证的观点不仅仅应表现为处理好一些具体的目标，尤其是社会性发展方面的目标，也应表现为协调社会要求、儿童需要和学科知识之间的关系，平衡情感、认知、动作技能之间的关系。有些目标往往既涉及个人心理品质，又涉及社会心理品质；既指向个人，又与他人密切相关，特别具有辩证性。因此，在表述这一类目标时，需要特别注意。例如，当提出"谦让"时，不要忘记"维护自己的权利"；当涉及"竞争"时，更不能忘记"合作"；提出"互相帮忙"时，不要漏掉"自己能做的事自己做"等。

二 幼儿园课程目标的制定依据

泰勒在《课程与教学的基本原理》一书中，把学习者的需要、当代社会生活的需求、学科的发展并列为课程目标的三个来源。此后，这三个方面成了课程开发的基本维度。在学前教育领域，幼儿发展的需要、社会生活的需求和人类知识是制定课程目标的依据，同时也是课程目标的来源。因此，要科学地制定幼儿园课程目标，就必须研究幼儿、研究社会、研究人类知识，从三方面的研究信息中寻求支持。

（一）对幼儿的研究

幼儿园课程的功能之一就是要促进幼儿身心全面、健康、和谐发展，因此课程目标的确立首先必须充分考虑幼儿的身心发展特点，遵循其发展的规律，尤其是要尊重幼儿的发展需要和兴趣。

幼儿发展的知识可以帮助课程设计者确定哪些课程目标是合适的，是符合幼儿的兴趣、能力和需要的，是能有效地促进幼儿健康成长的。幼儿园课程目标制定者必须认真学习并了解幼儿的身体动作发育、认知思维发展、情感萌发、社会性发展以及个性养成等方面的科学研究成果，并内化为自身的幼儿观、教育观，在此基础上制定出来的课程目标才具有科学性和合理性。

幼儿园课程应该充分考虑幼儿的身心发展特点及规律，但并非只是在幼儿的现有发展水平和特点后边亦步亦趋，而是应具有前瞻性，应在幼儿的现实发展水平和理想发展水平之间建立起桥梁。在制定幼儿园课程目标时，既要考虑到幼儿的理想发展水平，也要考虑到幼儿的现实发展水平，充分估计幼儿的普遍发展现状和发展潜力，还要兼顾幼儿之间的个别差异，从而确定适宜的目标。课程设计者还必须善于利用幼儿发展的知识去观察、了解自己的教育对象，使课程既能适应多数幼儿的需要和发展，又能适合个别有差异的幼儿。

（二）对社会的研究

教育是帮助幼儿实现社会化的主要途径，而课程则充当了幼儿社会化的主要手段。幼儿园课程应当反映社会生活，满足其发展需要，只有这样，幼儿的成长才是一个不断社会化的过程，才能为幼儿将来逐渐融入社会生活打下基础。因此，确立幼儿园课程目标，不仅要立足于幼儿的当下生活现实，更要为幼儿适应未来社会生活做准备，即要考虑社会对于幼儿成长的期望和要求。这些需要可能直接反映在国家制定的教育法律法规和有关文件中，也可能反映在特定阶段社会的政治、经济、文化当中，还可能集中体现在家庭生活当中。幼儿园课程目标的制定者必须将这些需要转化为有效的课程目标，既要凸显对幼儿家庭的现实需要的充分尊重，又要体现对社会生活的发展变化的全面关注。唯有在此基础上制定出的幼儿园课程目标，方能提升幼儿园课程对社会的适应性，方能为培养个性彰显、全面发展且对社会有用之人才奠基。例如，"萌发幼儿爱家乡、爱集体、爱祖国、爱劳动的情感"的目标就集中体现了我国当前社会价值观对幼儿未来发展的社会品质的要求。

（三）对人类知识的研究

幼儿园课程的功能之一是传递社会文化，作为文化的载体之一———知识应当是确立幼儿园课程目标的重要依据之一。什么样的知识才有价值？什么样的知识对幼儿才有价值？这些问题是我们制定幼儿园课程目标时必须考虑的。对于学习者而言，知识一般是指分门别类的学科知识。我国学者施良方提出，学科的功能有两种：一是这门学科本身的特殊功能；二是这门学科所能起到的一般教育功能。若强调学科知识的特殊功能，就会倾向于强调学科知识体系本身；若强调学科知识的一般教育功能，则会倾向于强调学科知识对于幼儿发展的价值。幼儿的年龄特点和幼儿教育的性质，决定了幼儿园课程注重的是学科知识的一般教育功能。也就是说，从知识的角度考虑幼儿园课程目标时，设计者最为关心的应该是该学科领域与幼儿的身心发展有什么关系，它能促进幼儿哪些方面的发展。例如，《幼儿园教育指导纲要（试行）》中将科学领域的课程目标概括为：对周围的事物、现象感兴趣，有好奇心和求知欲；能运用各种感官，动手动脑，探究问题；能用恰当的方式表达、交流探索的过程和结果；能从生活和游戏中感受事物的数量关系并体验数学的重要和有趣；爱护动植物，关心周围环境，亲近大自然，珍惜自然资源，有初步的环保意识。

 拓展阅读

课程目标信息的筛选

课程目标的筛选协调工作应该分为两步进行。

第一步，权且称它为"可能性筛选"。其主要任务是将三方信息加以综合整理，将那些相互矛盾的，重复的，不符合幼儿年龄特征、社会需要的内容，或删除，或合并，或修正，构成一个可能性目标体系。当然，这种筛选还只是初步的。筛选工作可以与寻找目标信息的工作同步进行。比如，研究社会生活中的目标信息时，同时要考虑幼儿的特点；研究幼儿的发展需要中所蕴含的目标时，也首先要选择那些符合社会要求的内容。在这一步里，社会学、心理学和知识论三者起着相互过滤的作用。

第二步，不妨称之为"价值性筛选"。这是十分重要的一步，它将决定着教育目标的价值取向。这里的过滤网和调节器是教育哲学和学习心理学。历史上，课程设计中常常有一种所谓"钟摆现象"，即或者儿童中心，或者学科中心，或者社会中心的倾向，这是因处理不好三种来源的目标信息之间的关系而造成的。过于看重来源于社会要求的目标，就形成了社会中心课程，否则，则可能形成儿童中心课程或学科中心课程。而如何处理三者的关系，主要取决于教育价值观和对儿童学习的研究。

下面以是否应教育幼儿识字为例，对课程目标的筛选协调进行解释说明。

一些心理学研究发现，幼儿期图像知觉发展得比较迅速，而汉字是一种象形文字，比抽象的拼音符号更适合幼儿的知觉特点，因此，只要方法得当，幼儿是可以学习的。识字可能有助于孩子更早地进行阅读，而书籍将会为他们打开另一扇了解世界的窗户。而且，不少家长为了

"早起跑，早到终点"，也希望幼儿园教孩子识字，以减轻上学后的压力。但幼儿学习心理特征的研究也告诉我们，尽管幼儿可以识字，但文字不仅是"图形"和"读音"，更重要的是"意义"，而理解文字的意义需要有关的经验。缺乏经验、缺乏理解的"识字"只是鹦鹉学舌，文字就成了没有生命、没有灵魂的空洞躯壳。另外，幼儿识字所消耗的时间和精力相对较多，往往事倍功半，甚至影响幼儿其他方面（如学习兴趣、自信心等）的发展，与小学课程也难以衔接。

经过这样的分析，可以认为识字这一目标对幼儿来说不是最基础、最重要的，因此，不宜把识字、会拼音作为幼儿园的课程目标。经过这样一番筛选协调，适当的幼儿园课程目标体系就基本确定下来了。

三 幼儿园课程目标的制定方法及表述

（一）确定幼儿园课程目标的具体方法

在设计活动的同时确定教育目标，这是现代幼儿教师的一项基本教育技能。课程目标是多层次的，高层次的目标制定一般属于政府行为，而中低层次的目标则要由教研人员和幼儿教师在高层次目标的指导下，结合本地、本园、本班的具体情况制定。掌握建立课程目标的策略和方法，无论是对幼教科研人员还是对幼儿教师，都是必要的。

1. 幼儿园课程方案整体目标的制定

对于幼儿园课程整体方案的编制者（一般为教研人员和幼儿园教学主管人员）而言，建立目标体系时的一个重要工作，就是认真思考各领域所蕴含的促进幼儿身心发展的价值，并以《幼儿园工作规程》规定的保教目标为标准进行筛选。具体而言，建立目标体系的步骤为：第一步，学习、理解国家或地方教育主管部门颁布的相关文件中所提出的课程目标体系，深刻理解其具体含义及精神实质；第二步，考虑如何结合本园的特殊需要作出相应的调整，然后再考虑如何将这些一般性的目标具体化，使之变得更具指导性。

2. 各领域目标的制定

制定各教育领域的目标同样可以这样思考、构建。当然，需要将两个维度上的各成分再行分解，分出教育内容的二级甚至三级结构和儿童发展的不同层次，再制成更具体、对设计课程活动更有指导意义的目标明确表。

表 2-3　幼儿园科学领域课程目标结构表

目标要素（一级目标）	核心价值（二级目标）	具体要求（三级目标）
知能目标	获得一些有关周围物质世界的基本经验，学习一些浅显的科学知识与技能	• 获得有关季节与人类、动植物、环境等关系的感性经验，形成春、夏、秋、冬四季的初步概念 • 认识日常生活中常见的动植物，了解不同环境中个别动植物的形态特征和生活习性 • 了解日常生活中常见用品的明显特征和主要用途 • 了解身边常见的物理、化学现象，获得有关的感性经验 • 认识太阳、地球、月球等天体，获得有关宇宙的感性经验 • 有初步的感知能力，初步了解各种感官在感知中的作用，学习运用各种感官进行感知的方法，能够观察到自然物和自然现象的明显特征和基本变化 • 能按指定标准对物体进行两个或三个特征的分裂
探究目标	了解一些最基本的科学方法，初步经历一些简单的科学探索过程	• 能够通过感官进行观察、操作、实验来认识周围事物及其关系，并开始对使用工具感兴趣，乐于使用工具进行探究 • 学会从一组物体中根据某些特征挑选出物体归入一类，学习用词语或简单的句子描述事物的特征或自己的发现 • 会运用简单的非正规测量工具（如绳子、棍子等）和正规测量工具（如尺子、温度计等）进行测量并学会正确的测量方法和简单的记录方法 • 具有动手操作的习惯，能在老师的指导下使用工具进行操作，进行科技小制作 • 能用语言与成人或同伴交流自己的发现、探索过程和方法，表达存在的问题和自己的愿望 • 能大胆地提出问题，发表不同意见，学会尊重别人的观点和经验

续表

目标要素（一级目标）	核心价值（二级目标）	具体要求（三级目标）
情感目标	有好奇心和探究热情，并有初步的科学精神和态度	● 乐于并能较长时间地参加科学活动 ● 对周围世界有浓厚的兴趣，愿意动手动脑进行探索活动，喜欢观察、提出问题、寻找有关信息和答案 ● 了解一些著名科学家的故事，培养尊重科学劳动和对科学家崇敬的情感 ● 爱护动植物，关心周围环境，亲近大自然，珍惜自然资源，有初步的环保意识 ● 了解常见科技产品与人们生活的关系，感受科学技术对生活的影响，培养幼儿对科学的兴趣和热爱 ● 能表达、交流、分享科学活动中的快乐，初步具有交流、合作意识
行为目标	训练幼儿初步养成最基本的科学行为和习惯	● 通过有计划地训练使幼儿逐步养成自己动手动脑的探究习惯 ● 初步树立一定的健康意识，并对良好的个人生活行为有所了解 ● 初步了解常见的动植物与人、环境的关系，关心爱护周围环境，爱护动植物，亲近大自然，有初步的环境保护意识和行为 ● 学会使用日常生活中常见科技产品，参与简单的制作活动

（二）幼儿园课程目标的表述

一线幼教工作者在制定课程单元目标和具体教育活动目标时，需要注意幼儿园课程目标的表述。

1. 从教师角度表述

从教师的角度表述，即指明教师应该做的工作或应该努力达到的教育效果。通常使用"鼓励""帮助""引导""使"等字眼来凸显教师的教。

例如，从教师的角度，科学领域的目标可以表述为：

（1）激发幼儿对事物的好奇心，通过引导幼儿主动地观察、操作、分析和发现，培养其开放的研究态度。

（2）通过与自然的接触，发展幼儿的观察能力。

（3）培养幼儿对动、植物的爱心。

（4）帮助幼儿认识人类与自然界的关系，并关注生活环境。

（5）帮助幼儿发展解决疑难的能力。

2. 从幼儿角度表述

从幼儿的角度表述，即指明幼儿通过学习应该达到的发展程度。常用"感受""喜欢""愿意""理解""能"等字眼。

同样以科学领域目标为例，从幼儿角度则可以表述为：

（1）对事物有好奇心，学会观察、操作、分析和发现的方法，养成开放的研究态度。

（2）积极主动地与自然接触，观察敏锐、细致。

（3）关心与爱护动、植物。

（4）认识人类与自然界的关系，并关注生活环境。

（5）增强解决疑难的能力。

目前，多数人主张从幼儿的角度表述，以强调幼儿的"学"，凸显幼儿在课程活动中的主体性。

3. 幼儿园课程目标表述的注意事项

不同层次的目标应用不同的方法进行表述。对于宏观的课程总目标和宏观的年龄阶段目标来说，只能原则性地提出目标的方向和范围，无法表述得太具体。而其余各层目标皆应是总目标的具体化，目标层次越低，表述得就应越具体、越具有可操作性。

对于单元目标来说，要求表述明确，与上层目标的关系要密切。目标的涵盖面要广，应包括知识的学习、能力的培养，以及操作技能和情感态度方面的学习。此外，单元目标应有代表性，每一条均应是单独的内容，不要有交叉重复。例如幼儿园中班活动"我、你、她"的单元目标：

中班活动：我、你、她

单元目标：

（1）认识自己的特征。

（2）比较自己和他人的差别。

（3）增进与人相处的技能。

（4）学习正确解决冲突的方法。

（5）培养接纳自己、欣赏他人的态度，养成轮流分享的习惯。

对于具体的活动目标而言，要求在表述时必须清晰、明确，具有可操作性，避免过于笼统、概括和抽象，不能用活动的过程或方法来取代。例如科学活动"公交车"的目标是"认识公交车的外形特点及功能"，而不仅仅是"认识公交车"。只有在这种明确的活动目标的指导下，教师才有可能开展有效的教学活动。

📚 考点聚焦

[考点梳理]

答案解析

本单元知识在历年教师资格考试中多有涉及，且多以活动设计题出现，需要应考者能运用所学知识制定科学、合理的教学活动课程目标。

[真题演练]

一、单项选择题

1.（2018年下半年）课堂上，教师让各小组用自己的方式展示对友情的理解，出现了故事讲述、小品表演、诗歌朗诵等多种形式。这一教学行为旨在达成（　　）。

A. 行为目标　　　　　　　　　　B. 普遍性目标

C. 表现性目标　　　　　　　　　D. 生成性目标

2.（2021年上半年）在幼儿园教育活动目标的设置中，（　　）关注的是幼儿园教育活动的过程。

A. 行为目标　　　　　　　　　　B. 生成性目标

C. 表现性目标　　　　　　　　　D. 活动目标

3.（2023年下半年）幼儿园语言教育培养幼儿最主要的能力是（　　）。

A. 交往、合作和交流　　　　　　B. 表现、表达和创造

C. 阅读、想象和表演　　　　　　D. 倾听、理解和表达

二、（2023年上半年）活动设计题

设计一个中班科学教育活动，帮助幼儿感知和发现植物的生长变化规律及其基本条件，要求写出活动名称、活动目标、活动准备和活动过程。

—— 思考与练习 ——

参考答案

1. 如何理解幼儿园课程目标的内涵？

2. 简述幼儿园课程目标的层次。

3. 请分析下面的活动目标表述有无问题，如有问题，指出有什么问题，应如何调整。

小班早期阅读活动"小海龟"

活动目标：

（1）通过讲述故事、阅读书本、做游戏等多种形式，加深幼儿对故事的理解，让幼儿体

验小海龟的情感世界。

（2）让幼儿学习运用简单句式"……看见了……"进行完整表述。

（3）激发幼儿的想象和大胆表述的愿望。

小班艺术活动"喂小鸟"

活动目标：

（1）培养幼儿根据音乐的变化做不同的动作的能力。

（2）让幼儿能大胆演唱歌曲，体验歌曲中美好的情绪情感。

单 元 三
幼儿园课程内容

 学习目标

素质目标

+ 乐于运用所学知识选择与组织适宜于幼儿身心发展的课程内容。
+ 形成科学的课程观。

知识目标

+ 理解幼儿园课程内容的内涵，掌握其特点。
+ 了解幼儿园课程内容选择的要求与原则，理解课程内容选择的方法。

能力目标

+ 能够根据幼儿身心发展的特点进行幼儿园课程内容的选择。
+ 能够组织幼儿园课程内容。

 **单元导航**

幼儿园课程内容
- 幼儿园课程内容的概念与特点
  - 幼儿园课程内容的概念
  - 幼儿园课程内容的特点
- 幼儿园课程内容的选择
  - 幼儿园课程内容选择的原则
  - 幼儿园课程内容选择的方法
- 幼儿园课程内容的组织
  - 幼儿园课程内容组织的内涵
  - 幼儿园课程内容组织的原则
  - 幼儿园课程内容组织的方式

情境导入

　　某幼儿园开展大班与小班幼儿之间跨班级互动活动已经近一个学期了，不同年龄、班级的幼儿彼此已经比较熟悉。春天的一个周末，王老师邀请相关班级的家长一同参加"以大带小"的远足活动——"大手拉小手"。活动过程如下：出发前，王老师告诉大家今天要去附近的人民公园，请两个班的幼儿自愿结对，每个大班幼儿拉起一个小班幼儿的手，看哪对好朋友的小手拉得紧。到公园休息一会儿后，教师组织大家玩游戏"钻山洞"。首先，教师与家长搭山洞，请大班幼儿带领小班幼儿钻山洞；然后，组织大班幼儿搭山洞，请小班幼儿钻山洞。过程中，王老师不断提醒幼儿钻的动作要领。自由活动时，小朋友拉好小手与他们的家长一同欣赏春天的美景，学习自然环境与人文环境的知识。

　　王老师通过"以大带小"的远足活动，实现不同年龄阶段幼儿之间的互动和帮带，并通过设计让家长带领幼儿共同赏景，从而实现亲子活动的目标。如何根据课程目标选择课程内容？如何组织课程内容？本章就来解决这些问题。

任务一　幼儿园课程内容的概念与特点

 幼儿园课程内容的概念

　　在信息爆炸的当今社会，孩子们能够接触到的知识要远远多于他们能够学会的知识，因此，在有限的时间和精力下，选择最有助于幼儿成长的知识进行教学就显得尤为重要。从这个角度来看，课程内容是课程设计中的关键。

（一）课程内容的概念

　　对课程内容的理解往往受对课程的理解的影响，一般来说，不同的课程观会直接影响对课程内容的理解与选择。课程可以分为"学科中心"和"经验中心"两大类别，相应的，对课程内容的理解也有着两大类别。一种是倾向于学科中心的课程观，在这种观点下，课程内容指的是学科中特定的事实、观点、法则等，主要体现在教材中；另一种是倾向于经验中心的课程观，在这种观点下，课程内容是指学生通过实际的教学过程与教学环境而获得的认识、态度、行为方式等，往往存在于学生参与的教学活动中，存在于教学活动过程中所涉及的问题、情景、课题或科目中。

我国廖哲勋教授对中小学课程提出以下观点：课程内容是由符合课程目标要求的一系列比较系统的间接经验与学生的某些直接经验组成的、用以构成学校课程的基本材料。

综合研究前人对课程内容的理解，我们可以发现，课程内容的概念已经充分扩展，不仅包括传统的课程内容，还包括直接经验、情感体验、能力等。

有哪些知识或经验可以成为课程内容呢？

（二）幼儿园课程内容的概念

综合以上的观点，课程内容应该涵盖以上各种不同性质的经验，为学生各方面潜能的实现提供丰富的营养。根据对课程内容的理解，我们可以认为幼儿园课程内容是幼教工作者希望幼儿学习且学会的东西，包括基本知识、基本态度、基本行为方式。

幼儿园课程是实现幼儿园教育目的的手段，是帮助幼儿获得有益的学习经验、促进其身心全面和谐发展的各种活动的总和。从这一课程定义出发，我们认为，幼儿园的课程内容是根据幼儿园的课程目标和相应的学习经验选择的、蕴含或组织在幼儿的各种活动中的基本态度、基本知识、基本技能和基本行为方式。

幼教案例

最近中一班一直在进行有关龙的主题教育活动，带班王老师首先请孩子们一起欣赏中国龙的形象，向小朋友介绍了龙的传说、龙身体的构成等，孩子们十分感兴趣。之后，小朋友也在家中跟爸爸妈妈一起搜集各种各样龙的图片，并把图片放到了区角中。一天，王老师请小朋友们画出自己心目中的神龙卫士。因为有了之前的欣赏、讨论与认识等经验，孩子们都开始大胆创作，画出自己心目中的神龙卫士的形象。在交流分享每个人的作品时，孩子们都纷纷讲述自己描绘的神龙形象。

《幼儿园教育指导纲要（试行）》指出，在艺术活动中，教师要尊重每个幼儿的想法和创造，肯定和接纳他们独特的审美感受和表现方式。为了引导幼儿以绘画作品表达他们对龙的认知，教师有意识地通过引导幼儿欣赏龙的形象、认识龙的身体的构成等活动，调动幼儿对龙的兴趣，最后创造条件引导幼儿大胆创作，画出自己心目中神龙卫士的形象，并交流分享。这样既丰富了幼儿关于龙的认识，又满足了他们创作的需要，同时在交流分享中培养了幼儿的语言表达能力，促进了他们社会性的发展。

二　幼儿园课程内容的特点

活动是幼儿园课程内容的主要载体，课程的内容（主要包括幼儿需要学习的态度、知识、技能和行为方式）分别蕴涵或组织在活动的基本结构——活动对象和活动过程中。幼儿通过参与课程活动接触这些内容，最终通过内化而积累学习经验，促进自身的发展。幼儿园课程内容的定义也反映了幼儿园课程内容的特点，强调了活动是幼儿园课程内容的重要载体和组织形式。从活动对象、活动过程和活动经验中可以得出幼儿园课程内容还具有哪些特点呢？

（一）从活动对象来分析

活动对象基本相当于传统意义上的教学内容——存在于"教材"或"学习材料"（自然、社会、生活中的"活教材"、故事、儿歌、教具及各种游戏和操作材料等）中的关于周围世界的基本知识，包括事实、概念、规律、原理、社会行为准则、评价标准等。此外，活动情境中的某些因素（如活动时的人际互动、他人的偶然行为等）也可以成为学习活动的对象。

（二）从活动过程来分析

活动过程（观察、探究、实验、搭建、描绘、交往、谈话、扮演、运动、自我服务活动等）包含着关于这种活动本身（方式方法）的知识、技能技巧，即"做"的知识。

（三）从学习活动的"产品"，即所谓学习经验来分析

它是活动对象和活动过程本身所蕴涵的知识、技能"内化"为幼儿个人的知识、技能和认知能力的结果。同时，在与学习对象相互作用的过程中，幼儿同时也在形成着对活动对象、活动过程以及作为活动主体的自己的情感态度。

 想一想

领域活动课程有哪些特点呢？能实现的核心素养会有哪些呢？

微课：幼儿园
课程内容
选择的原则

任务二　幼儿园课程内容的选择

 一　幼儿园课程内容选择的原则

幼儿园课程内容是实现幼儿园课程目标的手段，课程内容必须为实现课程目标服务。对于

教师和幼儿而言，它解决了"教什么"和"学什么"这两个课程设计中的核心问题。在课程设计中，课程内容的选择一直都是一个难点。

《幼儿园教育指导纲要（试行）》明确规定：教育活动内容的选择应"既适合幼儿现有水平，又有一定的挑战性；既符合幼儿的现实需要，又有利于其长远发展；既贴近幼儿的生活来选择幼儿感兴趣的事物和问题，又有助于拓展幼儿的经验和视野"。根据《幼儿园教育指导纲要（试行）》的规定，在幼儿园课程内容的选择中就要遵循以下基本原则。

1. 目标性原则

课程内容应该与教育目标相符合，满足幼儿全面发展的整体需要。课程内容的选择是为了更好地实现教育目标，在选择课程内容时应该考虑：选择这个内容是为了实现哪一个或者哪几个教育目标？这一内容还可能指向哪些教育目标？还有比这一内容更能促进相关教育目标实现的内容吗？为幼儿选择学习内容，要考虑其对教育目标的意义；同时，还要考虑在促成各领域目标的达成方面取得一种平衡，以利于幼儿健康、和谐的发展。如何去落实课程内容选择的目标性原则？具备目标意识，正确理解目标与内容的关系，思考目标达成所需要的"关键学习经验"，才能符合选择幼儿园课程内容的目标性原则。

幼教案例

怎样让孩子爱上洗手

王老师发现小二班的孩子们在洗手时会出现洗手马虎、玩水等现象，他们的动手能力比较弱，有的幼儿不会洗手，有的幼儿把手淋湿就草草了事，有的幼儿洗手时不会用毛巾擦，有的幼儿不会用肥皂……于是王老师不仅设计了健康活动"我爱洗手"，还利用《螃蟹歌》、生活中的故事、图书和身边的案例对幼儿进行常规教育，让孩子了解、认识到洗手的重要性，并教会孩子们七步洗手法。此外，王老师也和家长们进行了沟通，让他们在家中引导幼儿主动洗手。

王老师为了实现幼儿学会主动正确洗手的目标，采用了领域活动、游戏活动、生活活动和家园共育等多种途径，符合目标性原则。

2. 适宜性原则

适宜性原则是选择幼儿园课程内容最基本的原则。选择课程内容首先必须考虑的是课程学习的对象，对幼儿园课程而言，对象即3—6岁的幼儿，因此课程内容必须要适合幼儿的心理发展水平和学习特点。适合，并不是迁就幼儿现有的发展水平，而是符合幼儿的最近发展区。通过该种课程内容的学习，能促进幼儿身心发展由现有的水平向更高水平进步。遵循这一原则，还需要考虑幼儿的个体差异，在了解幼儿一般发展水平的基础上，还要细心观察，了解每一个幼儿的现有发展水平，针对不同的幼儿特点，选择课程内容，做到因材施教。

3. 基础性原则

这一原则要求课程内容的选择应该是幼儿所必需的和对幼儿有效的。幼儿园的课程内容应立足于幼儿基础素质的全面发展，并为其一生的可持续发展奠定坚实的基础上。判断所选课程内容是否符合基础性原则，在于课程内容是否与幼儿现实生活、学习有直接联系，是否必须在现阶段学习，是否是文化或人类知识中的最基本成分，是否具有最大的应用性和迁移性等。

4. 兴趣性原则

兴趣会直接影响课程内容的学习效果，因此，兴趣性是幼儿园课程内容选择的另一条重要原则，直接影响幼儿学习的成效。如果学习活动是幼儿感兴趣的，他们会兴趣盎然、不知疲倦；如果幼儿不是那么感兴趣的话，则会注意力不集中、没精打采。兴趣性原则促使我们必须关注幼儿的兴趣和需要，从幼儿感兴趣的事物中寻找富含教育价值的内容。

 **幼教案例**

怎样让幼儿阅读更有效果

开学以来，大一班越来越多的孩子喜欢看书了，但李老师发现孩子们大多选择自己熟悉的内容，对生疏的故事书要么请老师讲，要么随便翻翻就放回书架。于是，李老师决定组织一次集体阅读活动。李老师先选择了科学童话书《绿色王国吃大王》并摆了几本在图书架上，活动开始后，她先介绍书名，并提出问题：《绿色王国吃大王》中的吃大王是谁？为什么说它是吃大王？然后请孩子们自己去寻找答案，并把看不懂的地方用画画的方式记下来。在阅读了二十分钟后，孩子们基本上看完了手中的书。在接下来的集体讨论交流中，孩子们纷纷提出问题，没等老师说话，就互相争着回答，当起了小老师。阅读活动结束了，孩子们还意犹未尽……接下来的日子，李老师陆续投放了新书《快乐宝宝》《逃家小兔》……孩子们阅读新书的热情空前高涨。

在活动过程中，李老师巧妙地用提问的方式勾起了孩子们的兴趣，大大提升了活动效果。

5. 生活性原则

贴近幼儿生活并不是对幼儿生活简单的重复，不能等同于生活本身，而是要在生活中挖掘课程内容，让幼儿自然学习，再通过生活的课程内容，帮助幼儿整理、提升经验，帮助他们进一步发展。3—6岁幼儿学习最突出的特点是无意学习、直接学习，从看似无意的生活中通过与事物直接接触进行学习、获得经验。对幼儿来说，最有效的学习内容就是他们能直接感知的、具体形象的内容，这种学习内容主要来源于幼儿周围的现实生活。大自然、社会都是幼儿的"活教材"，从幼儿的生活经验中选择课程内容是最直接的方式，越贴近幼儿生活的课程内容也越能够保证幼儿学习的有效性。不同环境下的生活内容和方式不同，决定了幼儿园课程内容的选择也要有差异性。城市幼儿园和农村幼儿园选择的课程内容应该有所不同，国内幼儿园和国外幼儿园选择的课程内容也应有所不同。

6. 整合性原则

幼儿园的教育内容是全面的、启蒙性的，可以相对划分为健康、语言、社会、科学、艺术五大领域，各领域的内容相互渗透，从不同的角度促进幼儿情感、态度、能力、知识、技能等方面的发展。幼儿是一个完整的个体，课程内容的选择也要注意将不同内容进行整合。在选择和确定内容时，要综合考虑各领域对幼儿某方面发展的特殊教育作用及其对诸方面发展的一般作用。例如，集体教学活动"水的沉浮"是科学领域的教学活动，但活动的顺利开展需要的已有经验与活动开展后带给幼儿的影响一定是综合的、跨越多个领域的。在选择课程内容时要考虑各领域内容安排的平衡性，而不要盲目地偏重某一领域；应努力使同一领域中不同方面的内容、不同领域的内容、先后学习的内容之间产生有机的联系，从而使课程内容从零散变成整合。

 幼教案例

千"纸"百态

平凡的纸不仅是幼儿熟知的事物，更是他们游戏、创作和探索的素材。通过观察，彭老师发现小朋友对"纸"产生了浓厚的兴趣。为了让幼儿在自由、自主、自发的过程中，支持和引导幼儿从原有水平向更高水平发展，老师们共同讨论，为此次"纸"之旅主题活动做了前期的梳理，并构建主题预设网络图。本次主题活动包含"认识纸""探秘纸""趣玩纸"和"爱惜纸"四个子主题，设计了语言活动"纸是怎么来的"、美术活动"剪纸"、科学活动"我是小小造纸师"、健康活动"报纸的玩法"、社会活动"爱惜书本"、游戏活动"创意塔塔乐"、家园共育"纸的用途"……

彭老师围绕"纸"设计了主题活动，整合了语言、艺术、科学、健康和社会五大领域活动，还涉及了游戏活动和家园共育，这符合整合性原则。

幼儿自主游戏是否可以列入幼儿园课程内容？为什么？

 幼儿园课程内容选择的方法

不同的课程理念之下会产生不同的课程目标，也会有不同的课程内容，选择课程内容的方式方法就会有所区别。常用的课程内容的选择方法如下。

（一）根据学科知识体系选择幼儿园课程内容

教育部颁布的《幼儿园教育指导纳要（试行）》，按学科知识体系将幼儿园教育内容划分为健康、语言、社会、科学和艺术五大领域，其中每个领域都有逻辑严密的核心经验，因此，可以依据学科（领域）的逻辑，进行课程内容的选择。根据学科知识体系选择课程内容就需要课程设计者遵循一定的学科逻辑，明确学科存在的内在规律性，形成"教学大纲"，再在幼儿兴趣与需要的基础上依据核心经验，逐步进行梳理、调整和提升教学大纲，最终选择出适合幼儿的教学内容。

（二）根据幼儿的发展需要来选择内容

教育内容的选择应该既符合幼儿的兴趣和现有经验，又有助于形成符合教育目标的新经验；既贴近幼儿的生活，又有助于拓展幼儿的已有经验；既体现内容的丰富性、时代性，又注重幼儿学习的必要性、适宜性以及与小学教育的衔接。这就要求幼儿园课程内容的选择必须注重幼儿的身心发展，要以幼儿的生活经验为准，遵循各年龄阶段幼儿在认知、情感态度、能力、个性和社会性发展方面的一般规律，提出既与幼儿原有经验相适宜又有利于幼儿主动建构的活动，符合幼儿发展的"最近发展区"。同时，也要协调好社会生活经验与幼儿个体生活经验之间的关系，以及学科逻辑与幼儿心理发展逻辑之间的关系。如中班幼儿处于规则敏感期，较为认同和愿意遵守规则，也乐意运用已经理解的规则，那么就可以在中班多开展些与人际交往规则、社会生活规则相关的社会领域活动，进一步提升幼儿的社会性发展。

（三）根据幼儿的兴趣来选择内容

幼儿的年龄特征决定了兴趣是直接支配他们学习的最大内在动力，有了兴趣，幼儿就有了主动参与活动的愿望和积极的态度。因此，幼儿的兴趣也是选择课程内容的重要因素。《幼儿园教育指导纲要（试行）》指出要"善于发现幼儿感兴趣的事物、游戏和偶发事件中所隐含的教育价值，把握时机，积极引导"。教师可以通过观察幼儿，及时捕捉幼儿的兴趣点，从幼儿感兴趣的事物中生成教育活动的内容和材料。如在户外散步时，幼儿看到地面上、墙面上的影子，会产生很多有趣的问题，在这种情况下，教师就可以开展一个"探索有趣的影子"的主题活动，这样既顺应了幼儿的兴趣，又在此基础上实现了幼儿认知和情感、技能方面的发展目标。

（四）根据当时当地的教学条件来选择幼儿园课程内容

在幼儿园课程内容的选择和安排中，还必须要考虑幼儿园自身的地域文化特点和教学条件，以及自然时令、已有资源等其他因素。如有的幼儿园要做二十四节气的园本课程，那么"白露"和"秋分"两个节气的主题活动就会是在九月举行，而不可能在阳春三月举行。近年来，湖南省在进行安吉游戏的试点推广，不少城市里的幼儿园纷纷将原有的塑胶地板和大型游乐设施替换成沙水区，积极引进具有安吉特色的滚筒等玩教具。响应新的教育政策是好事，但如不考虑幼儿园自身的教学条件而盲目跟风，削足适履，就得不偿失了。正确的做法应该是学习安吉游戏的精神内核，而不只是形式化地引进教具。

（五）根据弘扬本民族文化特征的需要来选择幼儿园课程内容

幼儿园课程内容的选择不仅要聚焦儿童知识技能的积累，更要考虑文化的传承。随着现代化发展的进程，外来课程理念和内容的引进，虽然开阔了我国幼儿园课程改革的视野，但也在一定程度上出现了文化冲突，甚至有丧失自我文化品性的危机。因此，幼儿园课程内容的选择更应注重继承和发展我国的优秀传统文化，凸显地域和民族特色，将引导幼儿关注民族文化、明确文化归属、促进文化认同置于更高的位置。农村幼儿园在课程资源的挖掘与开发上应注重区域性和多样性；少数民族地区的幼儿园则应关注文化适应性和注重本民族特色的保护与传承。

 幼教案例

是孔子还是圣诞老人？

在幼儿园"我是中国人"的主题活动月里，一次语言活动中，老师指着一位满脸胡须的老人头像图片问孩子们："图片中的人是谁呀？"孩子们迟疑了片刻，异口同声地回答："圣诞老人。"老师看着黑白图片，无可奈何地告诉孩子们："不，这不是圣诞老人，是我们中国历史上著名的哲学家和教育家——孔子，他的思想和教育观念影响了几千年的中华文明。"

案例中的教师善于引导幼儿关注我国圣贤孔子，其目的是让幼儿认同我国传统文化，萌发爱祖国、爱家乡的情感，因此教师在选择课程内容时，一定要注意符合我国传统文化的特征和价值需求。

任务三　幼儿园课程内容的组织

　　课程目标的实现，依赖于幼儿通过课程实施获得的有益的学习经验。任何单一的学习经验都不足以对学习者产生非常深远的影响，为了使学习经验具有积极而持续的效果，必须对各种课程内容加以组织和强化。

 一　幼儿园课程内容组织的内涵

（一）幼儿园课程组织的概念

　　课程组织是指将构成课程的各种要素科学地加以安排、联系和排列。在不同的课程观念下，对课程组织的理解也会不一样，相应的，对于课程要素的选择与安排也会有所差异。

　　在课程即学科知识的观念下，一般会选择知识与技能作为教学内容。因此，在这种观念下，课程组织就是指在一定的时间序列下，把知识技能顺序化、结构化，安排成为较为科学的教学方案或计划的过程。

　　在课程即学习经验或学习活动的观念下，课程内容是学习经验或者学习活动，那么课程组织就既要把需要学习的知识技能结构化、顺序化，又要考虑学习者的需求以及对学习情景的需求。

　　综合来看，我们可以将幼儿园课程内容的组织理解为：创设良好的课程环境，使幼儿园课程活动兴趣化、有序化、结构化，以产生适宜的学习经验和优化的教育效果，从而实现课程目标的过程。

（二）幼儿园课程组织的形态

　　根据课程方案产生于师幼互动之前还是之后，幼儿园课程组织可以分为两种形态。

1. 观念或构想形态的课程组织

　　课程设计者根据一定的教育原理与原则，将各课程要素进行联系与组合，形成课程方案、教学计划或活动设计方案等有关课程的"方案"或"计划"。此类课程的实现需经过教师的理解与转换过程，再与幼儿直接发生联系。此类课程未经师幼互动实践而提前预先设计，是为"课程预设"。

2. 实践形态的课程组织

　　幼儿园教师根据实际情况灵活地将课程方案转化成生动地课程实践过程，教师与幼儿亲身参与其中。这种实践形态的课程组织，又可称为"课程实施"。

二　幼儿园课程内容组织的原则

幼儿园课程内容的组织形式受非常多因素的影响而呈现不同的状态，但幼儿园课程内容的组织仍有章可循，即尊重幼儿学习与发展的规律，具体为幼儿园课程内容组织需共同遵循的原则。

（一）顺序性原则

顺序性原则强调组织学习内容的时间次序。根据幼儿认识和学习内容的特点，将课程内容按由浅入深、由易到难、由近至远、由简单到复杂、由具体到抽象、由已知到未知进行组织。

（二）连续性原则

连续性原则是指后续的学习须有之前的经验作基础。课程内容的组织须充分考虑幼儿已有经验与后续学习内容之间的关系，课程内容的安排应当使每一后续的学习内容都包含之前的学习经验，即之前的学习经验是后续学习的起点和认识的基础，同时，后续学习又成为之前经验的延续与加深。

（三）整合性原则

整合性原则是指加强课程内容之间、内容和学习者的学习经验之间的有机联系，以帮助幼儿把从各领域学习到的知识和先后获得的各种经验加以统整和贯通。该原则下的课程组织强调增强幼儿对所学内容的理解，以达到提高学习效率和知识应用的能力。

三　幼儿园课程内容组织的方式

关于课程内容的组织问题，"现代课程理论之父"泰勒在《课程与教学的基本原理》中提出了 3 个基本准则，分别是连续性、顺序性和整合性。随着时代和社会的发展，幼儿园课程内容主要有以下几种相互对立的组织方式。

微课：幼儿园
课程内容组织
的方式

（一）逻辑顺序组织方式与心理顺序组织方式

逻辑顺序组织方式指的是根据学科本身的系统及其内在联系组织课程内容的方式，心理顺序组织方式指的是以适合幼儿心理特点的方式组织课程内容，这两种组织方式的选用一直都有争议。主张以逻辑顺序方式组织课程内容者，强调学科本身的逻辑顺序，较少考虑这种逻辑顺序与幼儿的联系；主张以心理顺序方式组织课程者，强调根据幼儿发展特点以及幼儿的兴趣、需要和能力组织课程，较少考虑学科逻辑顺序。在幼儿园课程编制中，无论是按逻辑顺序组织课程内容，还是按心理顺序组织课程内容，都存在困难和问题。迄今为止，人们对许多学科的基本结构的认识尚缺乏深度，即使是学科专家，也很难就某一学科本身的逻辑顺序达成一致的意见，因而按照学科逻辑顺序组织的课程内容往往会出现知识排列不统一，甚至大相径庭的情况，自然也就影响接下来的课程实施。根据幼儿心理特征组织课程内容的方法存在更多问题，不仅因为人们对幼儿一般性的心理特征认识不够深入，还因为每个幼儿都是一个独立的个体，都有其独特性，课程内容要适合心理特征各不相同的每一个幼儿也就更为困难。这两种方法各有优劣，要互相取长补短才能达到和谐统一。因此，两者的融合常常是幼儿园课程内容组织的一种做法。

"玩转"秋天

　　话秋、会秋、画秋、寻秋、晒秋、乐秋、享秋……汨罗市幼儿园开展了"'环'绕指尖，'境'润童心"秋日主题实践活动。萌娃们在老师们的指导下，种下自己的一抹秋意。实践活动中，他们拿出事先准备好且带有各种剪裁形状的纸张，在园区内"截取"自己心中最能代表秋日的"镜头"，与秋天的植物和小动物撞个满怀。孩子们在感受秋天美好的同时，也带来了属于秋天的硕果，并收集各种树叶为下一阶段做准备。回到活动室，他们又用收集来的树叶画出所见所闻的秋天，并将作品展示在展板上，将秋天"留下来"。

　　"玩转"秋天这个主题活动就是按照心理顺序方式组织课程内容，活动中幼儿对秋天非常感兴趣，收集树叶"画秋"，制作红薯干、柿饼"晒秋"，认识秋天的花、果和树叶"寻秋""乐秋""享秋"，在这个充满温情的秋天里，孩子在生活中体验、在生活中探究、在生活中不断成长为拥有幸福能力的小大人。

（二）纵向组织方式与横向组织方式

　　纵向组织指的是按照课程组织的某些准则，以先后顺序排列课程内容；横向组织指的是通过"广义概念"组织课程内容，即打破传统的知识体系，使课程内容与幼儿已有经验连为一体。在幼儿园课程中，纵向组织与横向组织课程内容的做法都很常见。纵向组织方式强调知识和能力的层次性，即以较简单、具体的知识为基础教授幼儿较为复杂、抽象的知识，这种方式有益于从简单到复杂、从具体到抽象的过程的依次推进。横向组织强调的是各种知识的融合，强调知识的运用，强调知识与幼儿成长的联系，而不是知识本身，这种组织方式似乎与学龄前幼儿的发展特征和学习方式更接近。

（三）直线式组织方式与螺旋式组织方式

　　直线式组织指的是将课程内容组织成一条在逻辑上前后联系的直线，使前后内容互不重复；螺旋式组织指的是在不同的阶段，课程内容会重复出现，但是这些重复出现的内容在深度和广度上都有所加强。直线式组织与螺旋式组织对幼儿思维方式有不同的要求，前者要求逻辑思维，后者要求直觉思维。幼儿的思维是以具体形象思维为主的，因此幼儿园课程内容的组织一般较多采用螺旋式组织方式。这种组织方式在"综合教育""单元教学""方案教学"等许多幼儿园课程类型中都能看到。但是，在"分科教学"等一些课程类型中，也可以明显地看到直线式组织课程内容的痕迹。直线式组织与螺旋式组织各有长短。直线式组织有益于幼儿逻辑性地思考问题，而且对于一些接受性知识和技能的传递具有较高的效能；逻辑式组织有益于幼儿在与环境交互作用的过程中逐步获得经验，有益于幼儿创造性思维的发展。在幼儿园课程内容组织过程中，这两者也可以根据需要而相互结合，取长补短。

 幼教案例

过年了

　　某幼儿园开展了全园主题活动"过年了"，通过各年级教研决定，在小班开设"红红的年，甜甜的年"，在幼儿园张灯结彩创设新年的环境，并组织幼儿吃饺子、品腊肉、吃汤圆、拜年等活动体验过年的氛围；在中班开设"欢乐的年"，邀请家长来幼儿园参与亲子活动，如一起动手包饺子、制作新年礼物、装饰新年，让中班幼儿动手操作，亲身体验过年的欢乐；在大班开设"中国的、外国的年"，通过视频、图片、亲身体验等直观的方式引导幼儿对比中国的新年和国外的新年，让幼儿感受到中国"年"独特的味道，认同我国优秀传统文化。

　　在小、中、大三个不同的年龄班都开展"过年了"这个主题，但是从低龄班到高龄班，具体的活动目标的难度有所递增、活动材料更加丰富，且活动过程和幼儿的表达方式更多元。这就是螺旋式组织方式。

考点聚焦

[考点梳理]

　　本单元知识在历年教师资格考试中多有涉及，且多以单项选择题和材料分析题型出现，需要应考者能运用课程蕴含的教育、儿童和教师观察，解释幼儿教师行为的合理性。

答案解析

[真题演练]

一、单项选择题

1.（2023 年下半年）中秋节是我国重要的传统节日，为增强节日氛围，幼儿园要在红灯笼上点缀诗句。下列诗句中，不适合的是（　　）。

A. 海上生明月，天涯共此时　　　　　B. 残腊即又尽，东风应渐闻

C. 一轮秋影转金波，飞镜又重磨　　　D. 皓魄当空宝镜升，云间仙籁寂无声

2.（2014 年上半年）幼儿教师选择教育教学内容最主要的依据是（　　）。

A. 幼儿发展　　　　　　　　　　　　B. 社会需求

C. 学科知识　　　　　　　　　　　　D. 教师特长

3.（2018 年上半年）教师在重阳节组织幼儿到敬老院探访老人，这反映幼儿园教育内容选择的什么原则（　　）。

A. 兴趣性　　　　　　　　　　　　　B. 时代性

C. 生活性　　　　　　　　　　　　　D. 发展性

4.（2021 年下半年）从生活中选择幼儿感兴趣的事物和问题作为教学内容的主要原因是（　　）。

A. 教师容易制作教具　　　　　　　　B. 便于教师教学

C. 符合家长的希望　　　　　　　　　D. 符合幼儿的学习特点

二、材料分析题

1.（2023 年下半年）这是一节涂鸦活动课，小朋友在画，刘老师很有耐心，不停地指导幼儿。"小贲，天空怎么是绿色的呢？你抬头看看，天多么蓝！""方方，太阳再小点就好了，一幅画就一个太阳。""你的小鸟怎么像飞机，要……"关于刘老师的做法，有两种说法。第一种认为老师干涉过度，绿色的天空又如何？重要的是孩子的想象力。第二种认为画画就是要画出个样子，哪来的绿色天空？小朋友一旦形成绿色天空这种认识，以后就很难改正了。

问题：你认为刘老师的做法对吗？并谈谈你对上述两种观点的看法。

2.（2017 年上半年）教师为了帮助大班幼儿了解春天的季节特征，同时在其中渗透数学教育，专门只做了一套"春天"的拼图，拼图底板是若干道 10 以内的计算题，每一小块图形的正面是春天景色的一部分，背面是计算题的得数，教师希望幼儿根据计算题与得数的匹配找到拼图的相应位置。然而，材料投放后，教师却发现许多幼儿不用做计算题就能轻松完成拼图，也未对图片中的季节特征产生观察与探究的兴趣。

问题：（1）请从幼儿获得科学经验的角度，分析这一拼图材料的投放对达成教学目标是否适宜？为什么？（2）该材料在设计上存在什么问题？请提出改良建议。

思考与练习

1. 如何选择幼儿园课程内容？
2. 简要介绍幼儿园课程内容选择的基础性原则。
3. 什么是幼儿园课程内容组织？

参考答案

单 元 四

幼儿园课程实施

 学习目标

素质目标

+ 形成科学的幼儿园课程实施观。

知识目标

+ 了解幼儿课程实施的内涵与取向。

+ 理解幼儿课程结构化程度与课程实施之间的关系。

+ 掌握幼儿园各类课程实施的原则、要求与方法。

能力目标

+ 能够运用幼儿园各类课程实施的原则、要求与方法，分析与评价幼儿园课程实施情况。

+ 能够运用科学的方法创设主题环境。

 **单元导航**

幼儿园课程实施
├─ 幼儿园课程实施概述
│   ├─ 课程实施的内涵与取向
│   └─ 课程结构化程度
├─ 幼儿园课程实施的原则、要求与方法
│   ├─ 幼儿园生活课程实施的原则、要求与方法
│   ├─ 幼儿园五大领域课程实施的原则、要求与方法
│   └─ 幼儿园游戏课程实施的原则、要求与方法
└─ 幼儿园主题课程实施
    ├─ 主题环境创设
    ├─ 科学组织集体教学活动与区角活动
    └─ 积极开展家长工作

 **情境导入**

　　李老师、王老师、赵老师都是中班的主班老师，一次他们围绕着幼儿园的课程资源交流了起来。

　　李："我觉得这学期课程资源的内容实在是太多了，一个主题十几个活动，我恐怕难以完成。"

　　赵："是的，确实太多了，而且我觉得有些内容并不适合我们班，开展起来非常困难，比如观察小蝌蚪，他们去哪里找小蝌蚪呀，都是城里的孩子。"

　　王："内容不合适的话，我们要自己进行筛选呀，课程资源只是一个参考，我们肯定要根据自己班的实际情况作调整的。"

　　李："这样可以吗？课程资源可都是专家们开发出来的，我们能随意调整吗？"

　　王："我觉得适当调整是可以的，只要不太偏离课程资源就行，这样才符合实际情况嘛。"

　　赵："可是有的时候我们班的幼儿有自己感兴趣、想探究的事物，但和课程资源没一点关系，那怎么办呢？"

　　案例中三位老师所探讨的问题本质上是幼儿园课程实施的取向问题，李老师的课程实施偏向于忠实取向，王老师偏向于相互适应取向，若赵老师针对自己的困惑所采取的方法是基于本班幼儿的兴趣开发新的课程资源，则偏向于创生取向。那么课程实施是什么？每种课程实施取向是何含义？在课程实施过程中教师应该怎么做、遵循哪些原则、使用何种方法呢？本单元就来解决这些问题。

任务一　幼儿园课程实施概述

微课：幼儿园
课程实施概述

课程实施的内涵与取向

　　迈克尔·富兰（Michael Fullan）认为教育变革的成功 25% 取决于课程方案的设计，75% 取决于课程实施。课程实施对于课程目标的达成具有重要意义，但"课程实施"在很长一段时间里都处于边缘或隐身状态。有学者认为"课程实施"作为研究焦点起始于 20 世纪 60 年代末 70 年代初，其直接起因是人们对 20 世纪 50 年代末至 60 年代末，那场肇始于美国、影响波及全球的"学科结构运动"的反思。

（一）课程实施的内涵

有关"课程实施是什么"存在着多种说法，如"课程实施是指把新的课程计划付诸实践的过程"，"课程实施实际上就是教学"，"课程实施是把一项课程改革付诸实践的过程"，"课程实施是一个计划好的课程被教师执行的过程，是一个预期的课程在实际中的运用情况"等。尽管对于课程实施的界定有多种描述，但综合起来可归纳为两种主要观点：一种认为课程实施是把课程计划付诸实践的过程，另一种则认为课程实施就是教学。在这两种观点中，本书倾向于前一种观点，因为幼儿园的一切活动（生活活动、教学活动、游戏活动等）都是课程，教学活动的开展只是幼儿园课程实施的其中一种途径，从这个角度而言教学不能完全等同于课程实施。因此，本书中所说的课程实施的含义如下：

课程实施是指把一项课程计划或方案付诸实践的过程，即教师根据课程计划组织课程活动的过程。其本质是把静态的课程计划或方案转化为动态的课程实践的过程。

由于课程方案或计划在不同层面有不同的表现形式，如在国家层面以"课程纲要""课程标准"的形式存在，在幼儿园和班级层面以学年计划、学期计划、月计划、周计划及具体教育活动计划（教案）等形式存在，因此也就有了将不同层面的课程计划付诸实践的各个层面的课程实施活动。本章主要讨论幼儿园及其班级层面的课程实施。

 想一想

课程实施有什么作用？

（二）课程实施的取向

课程实施的取向是指对课程实施过程的不同认识以及支配这些认识的相应的课程价值观。教师对课程计划与课程实施的关系的不同处理方式，体现了教师不同的课程实施取向。在课程实施过程中，教师处理课程计划与课程实施之间的关系常有三种方式，可用三个比较形象的比喻来形容。

比喻一：课程计划是一栋建筑的设计图纸，由建筑师设计出来，对如何施工作出了详细具体的规定和说明。课程实施是工人严格按照设计图进行施工的过程。实际施工与设计图之间吻合度越高，表明施工质量越高；反之则施工质量越低。

比喻二：课程计划是一场球赛方案，方案在赛前由教练和球员共同商议制定，课程实施是球赛进行的过程。尽管球员要根据事先制定好的方案进行比赛，但在比赛过程中球员可以根据赛场上的实际情况进行灵活处理。

比喻三：课程计划是一份乐谱，课程实施是演奏作品的过程。由于不同的演奏者对乐谱有不同的理解，因此便会出现不同的演绎。

这三个比喻分别对应不同的课程实施取向，比喻一对应忠实取向，比喻二对应相互适应取向，比喻三对应创生取向。

1. 忠实取向

课程实施的忠实取向，是指把课程实施过程看作是忠实地执行课程计划的过程，认为衡量课程实施成功的标准是课程实施实现预定的课程计划的程度。实现程度高，课程实施成功；实现程度低，课程实施失败。

持忠实取向的人认为，课程是由课程专家和教育行政部门人员制定的，具有权威性，不容变更。教师只是课程的被动"消费者"，因而在课程实施过程中要严格按照课程的使用说明实施课程。作为课程传递者的教师，如果不能按照预期计划实施课程，课程目标就难以达成，也不能对课程进行评价。因此，持忠实取向的人还提出，在课程实施前，要对教师进行适当的培训，并在课程实施过程中对教师的行为进行有效的支持和监督。

2. 相互适应取向

课程实施的相互适应取向，是指课程实施过程是课程设计者与课程实施者之间相互适应的过程，认为课程实施不可能预先设定全部精准的实施程序，课程实施的具体过程仍需要实施者根据自身所面临的具体情境作出最恰当的选择。

持相互适应取向的人认为，课程实施是一个复杂的、非线性的过程，实施者对课程作出修改是不可避免的。他们还认为课程实施取得成功的保障在于实施者根据具体情境对课程目标、内容与结构、组织模式等诸方面进行适当的调整。如果说忠实取向视野中的教师是课程的被动"消费者"，那么相互适应取向视野中的教师则是积极、主动的"消费者"。

3. 创生取向

课程实施的创生取向，是指课程实施是教师与幼儿联合创造教育经验的过程，认为课程实施的本质就是在具体教育情境中创生新的教育经验，而已有的课程计划只是供这个经验创生过程选择的工具而已。

持创生取向的人认为，教师和幼儿都是课程的积极建构者，尽管教师会参考课程专家设计的课程和建议，但是真正赋予课程意义的还是教育教学活动中的教师和幼儿，教师和幼儿才是课程的开发者。

忠实取向、相互适应取向和创生取向的比较详见表4-1。

表 4-1　不同课程实施取向比较表

课程实施取向	课程方案	课程开发者	实施者角色	评价
忠实取向	确定的，不可变的	课程专家、教育行政部门人员	严格执行方案	与方案的一致性程度越高，实施效果越好
相互适应取向	确定的，可结合实际适度调整的	课程专家、教师	结合实际适度调整方案	对方案的调适情况及实际运用效果
创生取向	不确定的，实践中生成的	教师、幼儿	实施过程中创造和形成方案	方案的形成和实际效果

这三种课程实施的价值取向既有其存在的价值，又各有其局限性。显然忠实取向能够有效保障课程实施中的有序性和计划性，保证了课程计划的贯彻落实。在一些特别情境中忠实取向很有必要，例如为了应对紧急疫情，有关专家开发了相应的防疫课程，此时忠实地传递这些基本信息和技能就显得格外重要。但在其余情境中，由于忠实取向过于强调课程专家、课程政策制定者在课程变革中的作用，忽视了教师和幼儿作为课程实施直接参与者的主体价值，导致"照本宣科"、课程实施游离于教师与幼儿的"当前情境"之外等不良现象的出现。创生取向重视教师与幼儿的个性自由与解放，尊重教师与幼儿在课程开发、课程创造中的主体性；但是创生取向具有比较强的理想主义色彩，对教师素养要求高，要求教师不仅要善于对专家开发的课程作出准确判断、选择、解释，还要有根据具体情境开发课程的能力。需要注意的是，当前，并不是所有教师都具备创生取向所要求的专业素养水平。若将忠实取向、相互适应取向、创生取向看作一个连续体，那么忠实取向和创生取向出于连续体的两端，相互适应取向处于中间，带有折中主义色彩，因而它在拥有其他两种取向的优点的同时，也不可避免地具有它们的局限性。

当前，鉴于学前教育的特点及教育教学活动的普遍开展情况，幼儿园的课程实施会更加倾向于相互适应取向和创生取向，正如《幼儿园教育指导纲要（试行）》中所说的"教育活动的组织与实施过程是教师创造性地开展工作的过程"。但是，由于课程实施取向的选择更多依据的是适宜性，因此权衡课程实施环境中各种因素对课程实施的影响，就成了选择课程实施取向的基本出发点。所以，尽管当前相互适应取向和创生取向对于幼儿园教育是更为合适的，但是如果一所幼儿园的软硬件条件难以满足这种取向的需求，那么其仍然会偏向于选择忠实取向，因此可以说这三种课程实施的取向不是绝对排斥和对立的关系，而是相互包容与超越的关系。

二　课程结构化程度

"课程结构化程度"一词在幼儿园中被提到的频率逐步增加，课程结构化程度有高低之分，结构化程度高的课程是目标导向的，注重课程的预设目标，评价时主要参考目标的达成度。结构化程度低的课程是过程导向的，注重课程活动过程，评价时主要参考教师的满意度、幼儿的参与度等因素。通过对课程结构化程度进行分析，不仅可以判断出课程的价值取向，还能为课程评价提供良好的基础。

 想一想

怎样判断课程结构化程度的高低？

课程的结构化程度不仅体现在课程文本的结构化程度上，也体现在课程实施的结构化程度上，那么如何判断课程结构化的程度呢？

（一）课程文本的结构化程度评价标准

课程结构化程度的高低，可以依据课程文本的结构化程度评价标准进行判别：

第一，从课程文本设计的整体模式来看。结构化程度低的课程淡化目标设定，重视活动过程的生成；结构化程度高的课程则重视目标的设定及目标的整体架构。

第二，从课程文本采用何种课程活动来看。常见的幼儿园课程活动一般有单一教学活动、整合教学活动、单元教学活动、主题教学活动、方案教学活动等，这些课程活动的结构化程度从前往后依次降低。

第三，从活动设计制定的目标来看。目标比较具体明确，常采用行为目标的表述方式的是结构化程度高的教学活动；目标比较宽泛，常采用生成性目标或表现性目标的方式进行表述的是结构化程度低的教学活动。

第四，从活动设计所安排的内容来看，内容描述详细、活动材料具体、教师可操作性强的是结构化程度高的教学活动；内容开放性程度高，自主发挥空间大的是结构化程度低的教学活动。

（二）课程实施的结构化程度评价标准

课程实施的结构化程度评价标准主要看课程实施过程中是严格按照课程文本开展活动，注重预设目标的达成还是注重活动过程的创生，关注幼儿的兴趣与经验。严格按照课程文本开展的活动是高结构化的课程实施；注重活动过程的创生，关注幼儿的兴趣与经验的是低结构化的课程实施。教师在运用相同结构化的课程文本开展教育教学活动时，可能出现不同结构化程度的活动实施，如案例小班活动《泥土里的秘密》就是一个低结构化的课程文本，但不同教师在使用过程中呈现出了高低两种结构化程度的课程实施。

 **幼教案例**

小班活动：泥土里的秘密

[活动目标]

(1) 感受在泥土中探寻各种小生物的乐趣。

(2) 感受运土的快乐，培养幼儿爱劳动的情感。

(3) 能运用工具进行挖泥活动。

(4) 明白相同体积的湿泥土比干泥土重的道理。

[活动准备]

(1) 运土工具，寻找湿润、松软的泥土。

(2) 准备多种挖泥工具，如小铲子、自制挖土工具等，装小生物的容器。

[活动过程]

(1) 请幼儿到事先选择好的活动场地。

(2) 请幼儿选择需要的挖泥工具，鼓励幼儿在挖泥时仔细观察，建议幼儿将找到的小生物放到带来的容器里。

(3) 引导幼儿向同伴介绍自己在挖泥中的发现，说说自己在寻找活动中感到高兴的事情。

(4) 玩运土游戏，鼓励幼儿把这边的泥运到另一边去。用水弄湿泥土，再次让幼儿运土。

(5) 请幼儿说说相同体积的湿泥土重还是干泥土重。

[活动结束]

小朋友们排队回教室。

一位教师根据《泥土里的秘密》教案开展了高结构化程度的课程实施。教师将幼儿带到事先选好的泥巴地，拿出准备好的多种挖泥工具，说："请小朋友们现在来选择一个挖泥工具，大家在挖泥的过程中要仔细观察，看看能不能挖到一些藏在泥土里的小生物。"幼儿拿到工具开始挖泥，有的幼儿用吸管挖，发现行不通，教师引导幼儿换了更坚硬的挖泥工具。过了一会儿，有不少幼儿挖到了小虫、蚯蚓等小生物。教师提醒幼儿将挖到的小生物放到之前带来的容器中，并引导幼儿向同伴介绍自己挖到的小生物，分享自己在寻找活动中感到高兴的事情。孩子们分享完毕后，教师组织孩子们玩运土游戏，引导孩子们感受湿泥土与干泥土的不同重量，明白同体积下湿泥土比干泥土重的道理……在这个活动中，活动过程生成少，教师按照教案内容逐一实施相应活动，力图达成预设的活动目标，因而这一课程实施具有高结构化的特点。

另一位教师根据《泥土里的秘密》教案开展了低结构化程度的课程实施。教师将幼儿带到了事先选好的泥巴地，对小朋友们说："泥巴地里会有什么东西呢？"，接着教师提供了一些挖土工具和其他物品，让小朋友自己去探索哪些工具可以用来挖泥土，经过了一番尝试后，基本上所有的小朋友都能用比较合适的工具挖泥了。小朋友从泥土里挖出了各种各样的东西，有树叶、小虫子、垃圾等。这时，有个幼儿挖到了一条蚯蚓，吸引了其他幼儿的注意，有的幼儿不知道它是什么，老师便告诉小朋友们那是蚯蚓，小朋友们很好奇，引出了很多的问题，"蚯蚓有没有眼睛""它的嘴巴在哪里"……于是，大家开始商量把小蚯蚓带回教室，仔细研究，回教室后教师为幼儿提供了一些有关蚯蚓的图书……

在这个活动中，教师更多地扮演的是一个支持者的角色，虽然根据教案的要求设置了一些活动目标，但是在活动开展过程中教师并没有过多指导，而是鼓励支持孩子们的自由探索与主动发展，关注孩子们的兴趣与需要，重视活动过程的自然生成，因而这一课程实施具有低结构化的特点。

（三）课程文本的结构化程度与课程实施的结构化程度之间的关系

结构化程度的分析不能只停留于课程文本的分析上，最终要体现在课程实施的过程中。采用低结构化的幼儿园课程文本，并不意味着幼儿园课程实施的低结构化。虽然低结构化的课程文本给教师提供的灵活度会更大，但也对教师提出了更高的要求。若教师自身能力较弱，那么即使其拿到的是低结构化的课程文本，也可能会在课程实施过程中变为高结构化的活动。相应的，采用高结构化的课程文本，也并不意味着课程实施的高结构化。高结构化的课程文本给教师提供了详细的参考，具有很强的操作性，这在一定程度上会削减教师思考的动力，但对于有着较新理念的教师来说，他们仍可以根据自己的教育教学经验开展低结构化的活动。

微课：幼儿园课程实施的原则要求与方法

任务二　幼儿园课程实施的原则、要求与方法

一　幼儿园生活课程实施的原则、要求与方法

生活活动是指幼儿在一日活动中的各个生活环节，包括入园、晨检、早操、进餐、饮水、睡眠、盥洗、如厕、离园等与日常生活直接关联的活动，是幼儿园课程的一个重要组成部分。科学、合理、有序的生活活动，不仅有利于为幼儿创造良好的心理氛围、保持愉快的情绪，增

加同伴和师幼之间的交往，还有利于幼儿从小养成有规律的生活习惯和健康的生活方式。为发挥生活活动在幼儿发展中的积极意义，在幼儿园生活课程实施的过程中教师需要遵循一定的原则与要求，掌握一定的方法。

（一）幼儿园生活课程实施的原则

1. 保教结合原则

保教结合原则是指在全面、有效地对幼儿进行教育的同时，重视对幼儿生活的照料与保护，做到"保中有教，教中有保"，促进幼儿全面发展。"保中有教"意味着保育过程中含有教育的因素，保育不仅为了保护幼儿不受伤害，同时还要培养幼儿积极的态度和良好的行为，对幼儿进行健康教育，使他们认识到健康的重要性，并掌握一定的身体保护的方法。"教中有保"则是由于幼儿年龄小，许多生活习惯还未形成，教师总是先教幼儿最基本的生活常识，如怎么吃饭，怎么大小便等。这些既是保育也是教育，可以说保育与教育是在同一个过程中实现的。

幼教案例

混乱的如厕环节

在统一的如厕时间，李老师发现孩子们你推我挤，秩序很乱，当时李老师不动声色，密切关注着孩子们的安全问题。之后，针对这一情况，李老师请孩子们分享自己上厕所的感受。很多孩子说上厕所好挤、好乱，于是李老师顺势让孩子们思考该如何解决这一问题，在李老师的引导下，孩子们最终想出了有序排队上厕所的方式。

如厕是幼儿一日生活中的重要环节，李老师在这一生活活动中积极引导孩子们思考，让孩子们自己提出了有序排队上厕所的方式，培养了孩子们独立思考、讲规则讲秩序的良好品质，体现了保教结合的原则。

2. 个别化原则

个别化原则是指教师在关注全体幼儿的同时，还要重视幼儿的个别差异，采取有针对性的指导方式促进每个幼儿的发展。幼儿来自不同的家庭，有不同的生活、行为习惯，在生活活动中教师要尊重、理解幼儿的生活、行为习惯差异，对于一些比较特殊的幼儿应给予更细微的照料与指导，切忌"一刀切"。此外，每个幼儿都是独特的个体，拥有不同的个性特点，教师也应根据幼儿的实际情况，满足与个体发展相适应的需求。例如，允许幼儿根据自己的需要适当多吃或少吃一些饭菜、点心或水果等；允许幼儿在定时安排的如厕时间外，根据自己的需求随时如厕等。

我不爱吃饭

午餐时间到了，中一班的小朋友们都坐在自己的座位上吃饭，只有珊珊还在独自和娃娃玩耍，不肯洗手吃饭。直到张老师走过去请珊珊，她才慢吞吞地走向盥洗室，慢慢地洗着手，嘴里还不停地说："我才不想吃饭呢，我还要带宝宝去看病，给他做饭呢……"洗完手，回到座位前，珊珊也只是拿着勺子东张西望，并不吃饭，张老师提醒了好几次，都没有什么效果。

张老师走过去，问道："珊珊，你为什么不吃饭啊？"

"我不喜欢吃饭，我吃不了这么多……"珊珊委屈地说道。

"不行，你快点吃，你看别的小朋友都快吃完了。"

"我吃不下去，我要去娃娃家玩。"

"你怎么这么不听话呢。不听话就不是好孩子，晚上不让妈妈接你回家了！"说着张老师便走开了。

"不行，不行！"说着珊珊慢吞吞地吃起来，但是直到午餐时间结束，珊珊的碗里仍是满满的饭菜。

张老师的做法不正确，对于珊珊不吃饭的原因没有进行深入分析，只是简单地用命令的方式让珊珊吃饭，没有对珊珊的进餐行为进行有效的指导，违背了生活课程实施的个别化原则。

3. 一致性与灵活性相结合的原则

一致性是指教育要求的一致性。幼儿园各年龄段的幼儿的生活活动的内容基本相同，但要求逐步提高。从小班到大班，幼儿园应一致、连贯地对幼儿进行培养。首先，保教人员应将幼儿习惯与能力的培养长期坚持下去，做到有计划有系统地进行，不能一曝十寒。其次，成人对幼儿的要求要保持一致，主要体现在保教人员之间、家长与幼儿园之间、家庭成员之间应相互协调，确保对幼儿的要求保持一致。灵活性则是指在进行各种生活活动时，保教人员应根据环境及幼儿个体状态灵活处理，避免生搬硬套，采用灵活的方式对幼儿的良好行为习惯进行强化，帮助幼儿提高遵守规矩的自觉性。一致性与灵活性相结合的原则体现了幼儿园生活课程实施过程中对普遍与特殊、全体与个体、整齐划一与自定步调等关系的处理倾向。

 幼教案例

不爱洗手的晨晨

晨晨活泼可爱，但是有个坏习惯——不爱洗手，即使老师叫他去洗手，他也只是简单应付，随便用水冲一冲。刘老师为了解决这个问题，便让晨晨在旁观看别的小朋友洗手，晨晨看到别的小朋友洗手时，手上搓出满满的泡泡觉得很有趣，就有一点点心动。刘老师趁热打铁，组织小朋友们讨论了洗手的好处，并把洗手的步骤贴在了水池旁，还和小朋友们一起编了洗手的儿歌。之后，李老师每当看到晨晨主动洗手时，都及时表扬晨晨，并在离园环节和晨晨妈妈进行了简短的交流，希望家长在家里也能有意识地引导、鼓励晨晨主动洗手。

刘老师为了让晨晨能够主动洗手，采用了让晨晨观看其他幼儿洗手、开展洗手的好处与步骤讨论活动、及时鼓励晨晨主动洗手等多种方式激发巩固了晨晨主动洗手的意识与行为，体现了灵活性。在离园环节，刘老师和晨晨妈妈进行了简短的交流，希望家长在家里也能有意识地引导晨晨主动洗手，体现了一致性。因此，这一案例体现了生活课程实施的一致性与灵活性相结合的原则。

4. 随机性原则

随机性原则是指教师要充分利用幼儿生活课程中的偶发事件，善于发现其中所蕴含的教育价值，把握时机对幼儿进行教育引导。例如，教师正带着幼儿在院子里散步，发现地上有许多掉落的花瓣，于是便引导幼儿将花瓣拾起，数一数有几个花瓣，是什么颜色、什么形状，说一说它们有什么不一样的地方……在这一过程中不仅培养了幼儿的观察力，还培养了幼儿的语言表达力、比较能力等。

5. 主体性原则

主体性原则是指教师应始终将幼儿作为实践活动的主体，让幼儿在学习过程中充分体现出自主性、能动性、创造性。过去的保教工作主要是从保教人员的主观意识出发的，较少考虑幼儿的主体性，幼儿往往是被动地接受照护。在现在的教养观中，幼儿是独立的人，是具有主观能动性的人，他们具有巨大的发展潜能，因此，保教人员要打破旧有的保育观，为他们提供丰富多样、生动有趣的生活练习机会，引导幼儿主动活动，让幼儿成为生活的小主人。

在前文案例"混乱的如厕环节"中，李老师让幼儿自己思考如何解决如厕混乱的问题；在案例"不爱洗手的晨晨"中，刘老师采用多种方式来激发晨晨洗手的主动性。这些方法反映出李老师和刘老师都具有将幼儿作为生活、学习活动主体的意识，体现了生活课程实施中要求的主体性原则。从中也可以发现，生活课程实施的原则不是单一作用于一个活动，有时一个

生活活动实施中往往蕴含着多种原则，这些原则相辅相成，共同影响着生活课程的实施。

（二）幼儿园生活课程实施的要求

1. 创设安全、适宜的环境

《幼儿园教育指导纲要（试行）》中指出："环境是重要的教育资源，应通过环境的创设和利用，有效地促进幼儿的发展。"环境作为幼儿园里不会说话的"老师"，对于幼儿的发展具有重要意义，在生活课程实施中要为幼儿创设安全、适宜的环境。安全的环境包括两层含义：其一，安全的物质环境，例如教师和保育员要严格执行餐饮用具的消毒制度，提供的食物和水的温度要适宜，盥洗室、教室、寝室要干净通风，地板清洁无积水等；其二，安全的心理环境，如进餐环节可播放轻松愉快的背景音乐，避免呵斥幼儿，让幼儿感到紧张、压抑。此外，平时要有意识地构建良好的师幼关系、同伴关系，使幼儿感受到心理上的安全。适宜的环境是指环境要符合幼儿的生理、心理发展特点。生理方面的适宜表现为幼儿园的厕所设计要考虑幼儿的生理特点，蹲式便池旁要有手扶柄，洗手台和水杯等物品存放的高度要与幼儿身高相适宜等；心理方面的适宜表现在多个方面，以秩序的敏感期为例进行说明，由于2—4岁的幼儿处于秩序的敏感期，因此，需要为幼儿创设整洁、有序的环境，并有意识地对幼儿进行引导，促进幼儿秩序性的发展，如盥洗、进餐后指导幼儿将毛巾、碗筷分类摆放等。

2. 建立科学的日常生活制度

日常生活制度有广义与狭义之分。广义的日常生活制度包括幼儿园三年的总体生活安排，狭义的日常生活制度指幼儿一日生活中各主要环节的时间划分、顺序安排和规则要求。日常生活制度的建立要充分考虑幼儿的生理发育、心理发展特点。如在进餐方面，幼儿的消化系统功能较差，食物在胃里的停留时间一般为3—4小时，因此，幼儿宜少食多餐，进餐时间一般间隔3.5—4小时。日常生活制度的建立还要考虑季节和地域问题，在睡眠方面，一般来说3—6岁幼儿每天应睡11—12小时，其中午睡一般达2小时左右，根据季节变化，夏季睡眠午睡时间可比冬季长一些。科学、合理的日常生活制度的建立与实施，是幼儿园生活课程实施的主要途径。

3. 建立良好的生活常规

幼儿园的生活常规是幼儿园为了培养幼儿良好的生活习惯和生活基本能力，确保幼儿健康成长而制定的幼儿园生活各环节的基本规则和要求。幼儿园小、中、大班的生活常规内容具有螺旋式上升的特点，小班的生活常规内容是基础和起点；中班的生活常规内容不仅包含了小班的内容，还增添了更高层次的要求；大班的生活常规内容涵盖了小、中班的内容，同时也增添了更高层次的要求。建立良好的生活常规，有利于幼儿适应集体和公共环境，维持班级正常活动的开展。良好的生活常规的标准有：第一，保障幼儿健康安全之所需；第二，保障集体生活及幼儿交往顺利之必需；第三，符合幼儿年龄特点，是幼儿力所能及的。

4. 根据幼儿的不同情况给予不同的帮助与指导

不同年龄、体质、气质的幼儿，生活和学习能力有明显的差异，尤其对于体弱多病的幼儿，完成生活常规要求较为困难，教师应给予特别照顾。以睡眠活动为例，新入园、入托的幼儿在午睡环节可能出现喜欢抱着玩具或枕巾才能入睡的情形，对于这些有特殊需要的孩子，教师要给予特殊关照，一开始可以允许他们保持自己的入睡习惯，在帮助他们逐步适应集体生活后再对他们的入睡习惯进行调整；有的幼儿会说梦话或做噩梦，教师可帮助幼儿翻身，用轻柔的语言安抚幼儿；对于生病的幼儿，要密切关注他们的体温变化，以及是否有咳嗽、呕吐等情形。

5. 充分挖掘生活活动中的教育契机

生活活动常因琐碎、平常而容易遭到忽视，但是却是教师观察和指导幼儿最常用、最自然、最容易的活动，教师应该有意识地挖掘生活活动中的教育契机，促进幼儿的全面发展。例如在进餐环节，教师可以培养幼儿细嚼慢咽、不挑食不偏食的进餐习惯，还可在进餐前向幼儿介绍食物，或由幼儿自己说出菜名、味道等，这样不仅可以提高幼儿吃饭的兴趣，还能增加幼儿对食物的认知及语言表达能力。

（三）幼儿园生活课程实施的方法

幼儿园生活课程实施的方法多种多样，常用的方法有感知讨论法、讲解示范法、行为练习法、随机教育法等。

1. 感知讨论法

感知讨论法是引导幼儿对生活中的事物、人们的行为态度等进行实景观察与感知，在亲身感知的基础上引导幼儿围绕感知对象进行讨论，激起幼儿学习的内在动机，从而使幼儿自愿学习、形成良好行为习惯与规则的方法。

 幼教案例

盥洗室里的纠纷

成成和浩浩为了抢小便池发生了推搡，是小便池不够的原因吗？不是，旁边还有好几个空着的小便池。那为什么两个人都不去？成成说浩浩不对，浩浩说成成不好，两个人的情绪都很激动。面对几十双眼睛，王老师考虑了一下，决定利用这次机会，进行一次解决纠纷的集体教育。

王老师组织全体幼儿坐了下来，请浩浩先把事情的经过说给大家听。浩浩说："我已经在解小便了，成成还要拉我，害得我解到地上了。"

　　王老师再请成成说，他说："是这样，我先到了，浩浩使劲把我推开，自己去解，害得我摔跤了。"

　　浩浩高大，成成瘦小，浩浩有足够的力气把成成推到一边。王老师问大家："如果你是浩浩，你会怎么做？"

　　小倩说："浩浩不应该抢先，哪个小便池都可以解的。"

　　王老师问浩浩小倩说得对不对，浩浩点点头。

　　王老师问大家："如果你是成成，你会怎么做？"

　　宁宁说："既然浩浩已经在解了，那成成就到旁边解呗。"

　　成成强词夺理："那我走不动了呀，我脚不好。"

　　宁宁说："你脚不好，为什么还要拉浩浩？"

　　成成说："我等得着急呀，浩浩解得太慢了。"

　　大家都说："那你就别等了嘛，等得着急，小便解出来怎么办？""脚不好，慢慢走就行了。"

　　最后王老师提了一个问题："如果以后遇到这样的事情，你会怎么做？"

　　小倩说："互相谦让！"

　　笨笨说："让给人家，我自己到旁边去。"

　　小青说："要好好跟别人说，不应该推人的。"

　　在孩子们的讨论中，问题逐渐得到平息，行为规则也在孩子们的感知讨论中建立了起来。

2. 讲解示范法

　　讲解示范法是指教师运用动作、实物、教具等方式进行示范，同时采用形象生动的语言为幼儿讲解与生活活动相关内容的方法。讲解示范法符合幼儿具体形象思维的特点，是幼儿获得有关生活知识和技能最直接的方法。例如，教师在教幼儿洗手时，会将洗手的步骤编成幼儿易于理解与记忆的儿歌，同时一边念儿歌，一边为幼儿示范洗手的每一个步骤，重复多次后幼儿便大体了解了洗手的步骤。

3. 行为练习法

　　行为练习法是指教师引导幼儿在自然或特定生活情境中进行行为练习，从而获得相应的情感体验和行为方式的方法。行为练习是生活课程实施的主要途径之一，因为幼儿以模仿和练习来学习有关生活方面的知识和技能，但是幼儿生活技能的习得和能力的提升，不是通过一两次活动就能实现的，而是需要在日常生活环境中，通过多次反复的练习才能逐步习得，并内化为自身的行为习惯。例如，要让幼儿养成饭前便后洗手的习惯，需要教师在盥洗、早餐、午餐、午点等活动后，让幼儿反复去执行，如此幼儿才会形成相应的习惯。

4. 随机教育法

随机教育法是指利用偶发事件进行及时、灵活的教育的方法。幼儿年龄小、认知水平低、生活经验少且个体差异显著，因而在生活活动中常常会出现各种各样的意外事件，这些意外事件往往都蕴含着多样的教育因素，可涉及生活规则、生活常识、生活技能、个性表现等多个方面。教师要具有敏锐的观察力，及时捕捉、利用这些偶然的、稍纵即逝的、有价值的教育契机，针对不同的事件灵活采用适宜的方式，促进幼儿全面发展。

二　幼儿园五大领域课程实施的原则、要求与方法

2001 年教育部颁发的《幼儿园教育指导纲要（试行）》中提出幼儿园的教育内容可以相对划分为健康、语言、社会、科学、艺术五个领域。之后，在《3—6 岁儿童学习与发展指南》中将每个领域按照幼儿学习与发展最基本、最重要的内容划分为若干方面，每个方面由学习与发展目标和教育建议两部分组成，为五大领域课程实施提供了参考方向。

五大领域课程实施是指教师根据五大领域对幼儿情感、知识、能力发展要求的核心经验，有目的、有计划地分解、细化各个领域的具体发展目标，以单个领域活动为主载体，合理渗透其他领域，以游戏为基本活动方法，结合本班幼儿身心发展特点，围绕发展目标精选教学活动内容，采用集体或小组活动的教学组织形式所开展的教学活动过程。为发挥出五大领域课程对促进幼儿全面发展的积极意义，在五大领域课程实施过程中需要遵循与应用相应的原则、要求与方法。

（一）幼儿园五大领域课程实施的原则

1. 科学性原则

科学性原则是指教师在五大领域课程实施过程中，要确保向幼儿传授的知识与技能是正确、符合客观规律的，所采用的组织形式和方法应符合幼儿的认知特点。《3—6 岁儿童学习与发展指南》在表述幼儿发展目标时多使用"基本的""初步的"这类限定词，如在健康领域的发展目标中提出"具有基本的生活自理能力"，"具备基本的安全知识和自我保护能力"；在语言领域的发展目标中提出"具有初步的阅读理解能力"，"具有书面表达的愿望和初步的技能"等。虽然这些描述暗示着幼儿所学的知识与技能是粗浅的、启蒙的，但是粗浅与启蒙并不意味着教师可以在课程实施环节信口开河、随意解释，教师仍要确保自己传递给幼儿的知识与技能是科学的。同时，教师不能因为五大领域课程在实施过程中多以集体活动的形式开展，就不去探索、应用其余的教学形式，教师在课程实施环节仍应根据幼儿身心发展特点，结合课程具体内容选择适宜的组织形式与方法，帮助幼儿获得更好的发展。

2. 独特性与整合性原则

五大领域课程在设计与实施过程中，常常是围绕某一个主领域展开的。如大班语言活动"龟兔的第二次赛跑"、中班科学活动"认识昆虫"、小班健康活动"保护牙齿"等，就是以一个主领域为基点展开的课程活动。这种侧重于某个领域的课程活动，突出体现了该领域的特点，其课程内容与方法也有别于其他领域，这便是独特性的体现。但是幼儿的生活是一个整体，他们认识世界的方式是完整、全面的，而且五大领域课程在实施过程中，各领域之间并不是完全割裂的，总是或多或少会与其他领域发生联系，例如"几何图形画"这一活动从名称上就涉及了科学与艺术两个领域，因此教师要有整合思维，在设计与实施中有意识地整合其他领域的相关内容，帮助幼儿获得完整的生活经验，促进幼儿的全面发展。

3. 预设与生成相结合原则

说到五大领域课程活动，很多人总以为都是预设的课程活动，实际上，五大领域课程活动虽以预设为主，但在实施过程中也可生成其他相关领域的活动。教师在一日生活中要有敏锐的观察能力，及时发现幼儿的兴趣点及发展中存在的问题，从游戏与偶发事件中捕捉课程创生的灵感，及时把握教育契机，根据幼儿兴趣、发展需要和相关领域的核心经验，及时开展相关领域的课程活动，不断生成新的教育内容。只有这样才能让领域课程"活"起来，也才能贴近幼儿的生活实际。

4. 全体性与个别性原则

全体性与个别性原则是指在五大领域的课程实施过程中，教师要面向全体幼儿，同时重视每个幼儿的个别差异，因材施教，采取科学有效的方式促进每个幼儿的发展。具体来讲，有两层含义，其一，针对全体性，教师在课程实施过程中要促进每个幼儿的发展，有教无类，一视同仁地给予每个幼儿发展的条件与机会。其二，针对个别性，教师要促进每个幼儿在原有基础上的发展。由于每个幼儿的性格、需求、能力、兴趣等各方面都存在不同点，因此教师在课程实施过程中要针对每个幼儿的特殊需要，给予及时适宜的指导与帮助，使每个幼儿在自己的原有水平上得到应有的发展。

5. 直观性与游戏性原则

具体形象思维是幼儿典型的思维模式，在五大领域课程实施过程中采用直接感知、亲身体验、实际操作等方式让幼儿参与课程活动是符合幼儿身心发展特点的。在五大领域课程实施过程中，幼儿有意注意时间的长短，意志与自制力都会影响课程实施效果，因而需要采取一定的策略增强幼儿坚持的意志品质，保持幼儿注意的稳定。"哨兵站岗"实验证明游戏可以有效提升幼儿的坚持性，使其注意力较长时间停留于正在进行的活动中，因此五大领域课程在实施过程中要遵循直观性与游戏性原则。

"哨兵站岗"实验

"哨兵站岗"实验是对3—7岁幼儿进行的，目的在于研究幼儿在控制自己动作方面的坚持力。

1. 实验要求：被试幼儿空手作出哨兵持枪的姿势。

2. 实验情境：

（1）非游戏情境：要求被试幼儿以哨兵持枪的姿势站着，其余小朋友在一旁玩耍。

（2）游戏情境：实验者以游戏方式告诉被试幼儿，其他小朋友是"工人"，他们正在包装糖果，你来当哨兵，为保护工厂而站岗。

3. 实验结果：在游戏情境下，被试幼儿站立不动的时间远远超过非游戏情境中的站立时间，其在游戏情境下的坚持性优于非游戏情境下。

6. 积极性原则

积极性原则是指教师在五大领域课程实施过程中要尊重幼儿的主体性，注意激发幼儿主动学习的愿望，引导幼儿与环境积极互动。在课程实施过程中，教与学是一对矛盾体，在这对矛盾体中教师是外因，幼儿是内因，是学习的主体，是最后起决定作用的因素。在一个关于探索塑料袋玩法的活动中，教师在做好物质准备后，要激起幼儿兴趣，促使幼儿主动去探索塑料袋的玩法。只有当幼儿真正成为学习的主体，全身心参与其中时，这一课程活动才能真正产生价值。

（二）幼儿园五大领域课程实施的要求

1. 合理安排课程实施的组织形式

课程实施的组织形式有集体活动、小组活动和个别活动三种类型，每种活动都各有其优缺点。集体活动计划性强，组织较为严密，时间相对固定，在同一时间内可以对全体幼儿实施教育，效率高，但是集体活动存在难以顾及所有幼儿的学习过程、学习效果及学习特点等不足之处。小组活动的优点表现为活动环境较为宽松，在统一时间单元里可以选择不同的活动内容进行相互学习或个别学习，但是同时开展多种活动，容易分散教师的精力，对教师能力要求高，不利于发挥整体的课程活动效果。个别活动有利于教师关注幼儿的个体差异，因材施教，但比较耗时耗力，对活动人数有限制，人数过多时则无法开展。因此在五大领域课程实施过程中，教师需要根据课程目标与内容，结合幼儿实际情况将集体活动、小组活动和个别活动进行有机结合，扬长避短，提高课程实施的效果。

2. 正确处理课程实施过程中的师幼互动

五大领域课程实施过程中教师总要不时与幼儿互动，没有互动的课程实施环节是难以想象，更谈不上是有效的。由于学前儿童注意的发展具有"无意注意占优势，有意注意逐步发展"的规律，因而在课程实施过程中师幼互动可以很好地维持幼儿注意的稳定性，同时帮助教师及时了解幼儿的学习情况。但在当前五大领域课程实施过程中依然存在一些"无效互动"的情形，例如活动过程中教师习惯性运用"是不是？""对不对？""有没有？"等话语与幼儿互动，但若是这些互动与课程内容没有内在联系的话，它们就是一种"假互动"。在五大领域课程实施过程中，教师要正确处理师幼互动，使互动具有实质性，那么教师要如何与幼儿进行真互动呢？关键就在于时刻关注、理解、尊重幼儿，视线始终保持在与幼儿统一水平上，积极构建良好师幼关系，同时以"假如我是幼儿的心态"去思考幼儿的需求，而不是思考"我想怎样做"去实施课程活动。

3. 科学安排课程实施的各个环节

为保证五大领域课程实施的有效性，需要科学安排课程实施的各个环节。第一，时间安排要有相对的稳定性与灵活性，既有利于培养幼儿的秩序感，同时满足幼儿的实际活动需要。第二，动静交替，在课程实施过程中使幼儿的有意注意与无意注意交互进行，延长注意力集中时间，同时使幼儿的精力张弛有度。第三，建立良好的五大领域课程实施常规，根据不同领域课程的特殊性对幼儿提出相应的常规要求，减少课程实施过程中不必要的管理行为，提高课程活动效率，同时培养幼儿的自律性。

4. 课程实施有弹性，指导要适度

五大领域的课程实施是教师创造性地开展工作的过程，教师要充分发挥幼儿的主体性。在五大领域课程实施过程中，教师要改变恪守教案的忠实取向，运用启发式教学，多提开放性问题，引导幼儿去探索、去思考，并积极关注课程实施过程中幼儿的实际情况，及时反思、调整课程实施，有时甚至可以放弃教师之前认为重要而幼儿不感兴趣的问题，为幼儿适时提供支持，重视活动过程的创生。在指导过程中教师要注意尺度，给幼儿留出自己动手、动脑去探究的空间。以语言领域课程实施为例，让幼儿去续编故事、创编儿歌等就是教师留有余地，给予幼儿更多持续发展的时间和空间的方法。

5. 重视幼儿学习品质的培养

从五大领域课程的演变来看，五大领域课程与学科课程之间具有一定联系。学者们在讲五大领域时往往会提及"五大领域，七大学科（健康、语言、社会、科学、数学、音乐、美术）"；也有人将五大领域课程表述为"学科（领域）课程"，不过幼儿园的"学科（领域）课程"与中小学的学科课程不同，幼儿园学科（领域）课程中的"学科"是一种"前学科"。

学科知识体系有不同的层次，一极是理论层次的学科体系，严格按照学科的内在逻辑组织课程；另一极是经验层次的"前学科"体系，以表象或初级概念为基础和核心组织课程。幼儿园学科（领域）课程是以表象或初级概念为基础和核心的"前学科"，虽然也有系统性，但是学科内容的逻辑体系比较松散。由于幼儿教师在职前专业发展阶段长期接受的是以学科课程为主的教育，因而在教育教学活动中或多或少会出现重知识、轻技能的倾向。可是学前教育不同于其他阶段的教育，其自身特点决定了五大领域课程实施过程中在帮助幼儿掌握粗浅的、初步的知识与技能的同时，还要注重对幼儿学习品质的培养，为幼儿之后的长远发展奠基。正如《3—6岁儿童学习与发展指南》中所指出的："幼儿在活动过程中表现出的积极态度和良好行为倾向是终身学习与发展所必需的宝贵品质。要充分尊重和保护幼儿的好奇心和学习兴趣，帮助幼儿逐步养成积极主动、认真专注、不怕困难、敢于探究和尝试、乐于想象和创造等良好学习品质。忽视幼儿学习品质培养，单纯追求知识技能学习的做法是短视而有害的。"

（三）幼儿园五大领域课程实施的方法

幼儿园五大领域课程实施的方法可以概括为口头语言法、直观法、活动法三大类型，每种类型中又包含了多种具体的方法，在实际课程实施过程中，每种方法都不是单独使用的，同一个活动中往往同时使用多种方法。

1. 口头语言法

口头语言法是以教师的口语表达为主，通过教师有目的地运用语言去讲解知识、交流经验、传递信息、沟通认识、组织活动，帮助幼儿获得间接知识经验的一种方法。主要包括讲述法、讲解法、谈话法、讨论法、语言评价法等，此处重点介绍前三种方法。

（1）讲述法。

讲述法是教师运用语言向幼儿叙述事实材料或描述所讲的对象的方法。一般有看图讲述、实物讲述、故事讲述、情境讲述等多种类型，在使用过程中教师要注意语言生动、有趣、儿童化，引起幼儿的兴趣。

中班科学活动：下雨前（节选）

结合图片，讲解为什么下雨前小动物的活动会发生变化。

出示图片一，讲述小白兔碰见蜻蜓姐姐的情节。讲解蜻蜓下雨时飞得低的原因：下雨前，空气很湿润，小虫子的翅膀沾了水，飞不高。蜻蜓要捉虫子吃，所以要飞得很低。

出示图片二，讲述小白兔碰见小鱼的情节。讲解为什么下雨前小鱼要游到水面上来：下雨前，水下的氧气少，小鱼在水底闷得难受，就只好游到水面上来透气……

这一案例中教师运用的是讲述与讲解相结合的方法。

（2）讲解法。

讲解法是教师运用幼儿能理解的语言来解释和说明事物或事情的方法。在五大领域的课程实施过程中一般不会孤立地运用讲解法，而是常将讲解法与演示、示范、讨论、设疑、范例、谈话等结合使用。在运用讲解法时教师的语言要准确、精炼、生动、儿童化，讲解条理要清晰，突出重点、深入浅出。

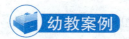 幼教案例

中班健康活动：保护牙齿（节选）

刘老师：接下来请小朋友们跟着老师一起来学习正确刷牙的方法，老师做一步，小朋友们做一步。

第一步：将口杯接好水，用水润湿口腔并吐出，把牙刷浸泡1—2秒，再在牙刷上挤好牙膏，小手握住牙刷柄后三分之一处。

第二步：刷上牙，由牙根出发从上往下刷，从前往后刷。再用同样的方法刷上牙的内侧。

第三步：刷下牙，由牙根出发从下往上刷，从前往后刷。再用同样的方法刷下牙的内侧。

第四步：刷牙齿咬合面，从内向外、来回刷。

第五步：刷舌头前三分之一处。

第六步：用水漱口，将口腔泡沫清洗干净。

教师：现在牙齿也刷干净了，最后我们还需要干吗？

第七步：擦洗嘴角，将牙刷和口杯清洗干净。

这一案例中刘老师运用的是示范与讲解相结合的方法。

（3）谈话法。

谈话法是指运用提问、答问、讨论等方式进行课程实施的方法。使用谈话法时需要注意以下几点：第一，谈话的内容要建立在幼儿已有的知识经验基础上；第二，教师要鼓励幼儿大胆说出自己的想法，认真倾听，充分尊重幼儿的意见，允许幼儿争论；第三，要教会幼儿注意耐心倾听他人的回答，及时肯定、补充，作出明确的结论，并鼓励幼儿向教师质疑。

 **幼教案例**

大班美术活动：海底世界（节选）

李老师："大家想好自己想画什么了吗？"

幼儿："我想画一座城堡，让小鱼都住进去。"

李老师："这个想法很有趣，还有谁想要说一说？"

幼儿："我想画水母，之前我去海洋馆的时候看到了，它们很漂亮。"

李老师："可以呀，老师很期待看到你画的水母呢！"

此案例中，李老师运用的是谈话法。

2. 直观法

直观法是指教师在五大领域课程实施过程中借助实物、教具，设计相关的教育情境，将教育内容直观地展示给幼儿，以实现教育目标的一种方法。包括演示法、示范法、电化教学法、情境表演法、榜样法等，此处着重介绍演示法与示范法。

（1）演示法。

演示法是教师通过向幼儿展示各种实物、直观教具或做实验，使幼儿获得关于某一事物或现象的感性认识的方法。社会、科学、语言领域的课程实施常采用这种方法。使用演示法时教师要注意提供的直观教具与实物要形象生动、色彩鲜艳，演示过程要清楚可见，便于幼儿观察。

 **幼教案例**

中班科学活动：流动的水（节选）

教师将斜板靠在大盆中，然后舀起一瓢水沿斜板上端倒下，引导幼儿观察水的流向。

教师将积木放在斜板上设置障碍，同样舀起一瓢水沿斜板上端倒下，引导幼儿观察水遇到积木后流向的变化。

此活动运用的是演示法。

（2）示范法。

示范法是教师通过自己或幼儿的动作、语言、声音，或通过选择的图画、剪纸和典型事例，让幼儿进行模仿的方法。语言、艺术、健康领域在课程实施过程中常采用这类方法。使用示范法的过程中要求教师的示范要富有情趣，能够引起幼儿的兴趣，而且要化繁为简，突出重难点。在幼教案例"中班健康活动：保护牙齿"中也体现了示范法的运用。

3. 活动法

活动法是一种以幼儿的实践活动为主的方法，教师通过创设环境或提供材料的方式，引导幼儿自己实践、探索、发现和学习。包括观察法、游戏法、操作法、练习法、探究法等，此处主要介绍前三种方法。

（1）观察法。

观察法是指幼儿在教师的指导下，有目的、有计划地感知客观事物的主要特征、变化的方法。它是幼儿园教育的最基本的方法。观察可以是对实物、模型、作品的观察，也可以是对操作过程、情境、环境等的观察。观察前，需要做好观察准备，例如确定观察目的、观察对象，创设观察环境等；观察开始时，教师要向幼儿提出观察目的，引起幼儿观察的兴趣，允许他们相互交谈，鼓励他们发现问题、提出问题；观察中，教师要充分运用语言、手势进行指导，从幼儿的兴趣点切入，启发幼儿从不同方面感知对象并用语言进行描述，学习观察的方法；观察结束时，要总结幼儿观察的印象，让幼儿将观察到的知识进一步巩固和条理化，同时还应组织幼儿做观察记录，记下他们的感受、发现等。

 幼教案例

小班科学活动：认识螃蟹（节选）

幼儿观察教师提前放置在自然角的小螃蟹的外形特征，王老师启发提问："螃蟹的身体像什么？它有几只脚？它的嘴巴在哪里？"

王老师通过提问的方式引导孩子们观察小螃蟹，是典型的观察法。

（2）游戏法。

游戏法是教师采用游戏或以游戏的口吻进行教育教学的方法。在五大领域课程实施过程中运用游戏法是幼儿园最显著的特点之一，例如智力游戏、体育游戏、音乐游戏等。对于年龄越小的幼儿，越要多采用这种方法。使用游戏法时需要注意，既可以将游戏作为课程实施的其中一个环节，也可用一个游戏贯穿始终；游戏的内容要健康、积极，有益于幼儿的身心发展；教师要指导幼儿遵守游戏规则，注意培养幼儿之间的合作、谦让、友爱等优秀品质；教师要根据五大领域不同的教育目标与内容选择不同形式的游戏，并根据游戏的内容及形式，采用不同的指导方法。

 **幼教案例**

小班体育活动：铃儿响叮当（节选）

幼儿四散站在悬挂的串铃下，王老师交代游戏玩法：原地双脚向上跳起，用头去顶小串铃，铃儿就会发出叮当的响声。

请个别幼儿尝试，王老师引导幼儿学习双腿屈膝蹬地跳起的动作。

幼儿开始游戏，王老师巡回指导，鼓励个别幼儿大胆地挑战悬挂在最高处的串铃。

王老师通过"摘串铃"游戏锻炼孩子们的跳跃能力，是典型的游戏法。

（3）操作法。

操作法指幼儿通过亲自动手操作直观教具、玩具，在摆弄物体的过程中进行探索，从而获得知识、技能、经验的方法。这类方法主要用于数学、美术、科学活动。教师使用操作法时要注意：第一，要明确操作的目的和要求，以幼儿感兴趣的方式进行；第二，教师要为幼儿提供充足的操作材料与操作时间，在幼儿操作过程中认真观察幼儿的操作，及时作出反馈。

 **幼教案例**

中班科学活动：沉与浮（节选）

李老师："现在小朋友面前有很多东西（石子、纸片、树叶、橡皮、乒乓球、钥匙），请大家把它们一个一个放到水里，看一看哪些东西会沉到水底，哪些东西会浮起来。"

幼儿动手操作、记录，教师巡回观察。

李老师："这些东西有的会沉到水里，有的会浮在水面上。请小朋友们想一想，怎样让沉在水底的东西浮起来，让浮在水面上的东西沉下去呢？"

幼儿交流、操作。

李老师通过让孩子们自己动手体验物件在水中的沉浮情况，是典型的操作法。

三　幼儿园游戏课程实施的原则、要求与方法

游戏是幼儿通过模仿和想象，有目的、有意识、创造性地反映现实生活的活动，是人的社会活动的初级形式。它具有自主自愿性、愉悦性、虚构性、非功利性等特点。

皮亚杰（Jean Piaget）根据幼儿认知发展阶段的不同，将游戏分为感觉运动游戏、象征性游戏、结构性游戏和规则性游戏。帕顿（Mildred Parten）根据幼儿社会性发展程度的不同，将游戏分为无所事事、旁观、独自游戏、平行游戏、联合游戏和合作游戏。比勒（Bihlen）根据幼儿在游戏中体验的不同，将游戏分为技能性游戏、想象性游戏、接受性游戏和制作性游戏。国内受苏联的影响，通常根据教育作用的不同将游戏分为创造性游戏和规则性游戏两大类，创造性游戏包括角色游戏、表演游戏和结构游戏；规则性游戏包括智力游戏、音乐游戏和体育游戏等。

游戏对于促进幼儿的全面发展具有重要意义，是幼儿园课程的重要组成部分，因此我们需要对其实施的原则、要求与方法有一定的了解。

（一）幼儿园游戏课程实施的原则

1. 安全性原则

幼儿由于年龄小，生活经验不足，判断危险、防范危险的能力弱，因此幼儿园需要把保障幼儿安全放在首位，在游戏中亦是如此。幼儿园游戏课程实施中的安全性原则包含两层含义：其一，游戏材料的安全。游戏材料是幼儿园实施游戏课程的基础，倘若游戏材料存在质量问题会直接给幼儿带来伤害，因此要保证游戏材料符合国家玩具安全标准，定期对玩具进行有关有害物质、危险因素、损害因素的排查。其二，游戏过程的安全。为了保证游戏过程安全，教师需要在幼儿游戏时全程关注幼儿，及时发现、排除安全隐患，加强组织管理，培养幼儿的规则意识，按照玩具的使用说明教给幼儿正确的使用方法，同时，还要提高幼儿的自我保护意识与能力。

2. 主体性原则

主体性原则是指在游戏课程实施过程中，教师要支持幼儿按照自己的兴趣需要、生活经验进行创造性的活动，按照自己的意愿设计和生成新的游戏，并鼓励幼儿自己解决和克服游戏中产生的问题与困难，让幼儿真正成为游戏的"主人"。

 幼教案例

我们去玩自己的游戏吧

在幼儿园的活动室里，胡老师正在组织幼儿开展角色游戏。在整个游戏过程中，胡老师忙得不亦乐乎，发现"医生"无所事事时，就赶紧提醒"爸爸""妈妈"宝宝生病了，让他们抱起孩子乘坐"公交车"去"医院"找"医生"看病；当看到糖果厂的"小工人"包完"糖果"后闲了下来，胡老师就赶紧跑去告诉"小工人"们："今天是周六，该大扫除啦!"

在胡老师的引导下，小朋友们忙得不亦乐乎。可是，当胡老师宣布"今天的游戏玩到这里，小朋友们现在可以自由活动了"时，两个男孩子走到一起："现在好了，老师的游戏玩完了，我们到外面玩我们自己的游戏吧。"

从案例中孩子们说的"老师的游戏玩完了，我们到外面玩我们自己的游戏吧"可以看出，教师在这一游戏活动过程中干预过多，没有考虑幼儿的实际兴趣与需求，幼儿没有成为活动的主体，违背了主体性原则。

3. 不同游戏分类指导原则

根据游戏教育作用的不同可将游戏分为创造性游戏和规则性游戏，创造性游戏包括角色游戏、表演游戏和结构游戏等；规则性游戏包括智力游戏、音乐游戏和体育游戏等。每种游戏都有其自身的特点，需要分类进行针对性指导。例如，在表演游戏的指导中，教师需要做的是选择适宜的文学作品，引导幼儿深入理解文艺作品，引导幼儿参与游戏道具、服饰设计的准备工作，提高幼儿表演游戏的水平等；而在结构游戏的指导中，教师则需要提供充足的游戏时间与宽阔的游戏空间，提供丰富的结构玩具与材料，帮助幼儿掌握基本的结构知识与结构技能，建立必要的结构游戏常规等。尽管有些指导方式是通用的，但不同游戏的特殊性决定了教师在游戏课程实施过程中仍要根据不同游戏的特点进行分类指导。

4. 按幼儿游戏发展规律进行指导原则

小班幼儿缺乏对玩具的创新思考，社会交往程度低，常以独自游戏为主，活动过程中自主性也较差，完成一项任务后往往不知道如何进行下一步，需要成人的引导。中班幼儿爱玩也会玩，游戏的自主性提高，懂得给自己安排一定的游戏情节和内容，具备了一定的创造意识，懂得探索游戏材料的新玩法，社会交往逐步增多，在游戏中的合作性逐步增强。大班幼儿游戏的自主性进一步提升，可以根据自己的兴趣、爱好、需求自主选择活动，不再满足于追随和服从，创造能力也进一步增强，在教师的引导下能够有效迁移原有经验进行创造性活动，玩耍时不局限于一种操作，会探索更多的玩法与操作技能。可见，不同年龄段幼儿的游戏发展呈现出不同的规律，因此游戏课程实施过程中需要遵循按幼儿游戏发展规律进行指导的原则。

5. 间接指导与适时退出原则

间接指导是指在幼儿主动活动的前提下，教师在游戏课程实施过程中通过启发式、互动式的语言或行为对幼儿进行启发诱导，将教育要求转化为幼儿内部动机和游戏行为的过程。直接指导则是指教师按照自己的意愿指挥、控制幼儿的游戏，通常教师直接指导越多，幼儿在游戏中越被动，因此在游戏课程实施中要以间接指导为主。教师通过间接指导幼儿出现了所期待的游戏行为后，就要及时退出游戏，将游戏的主动权再次交回给幼儿，让幼儿在与材料、环境的互动中尽可能多地自主发展。

 幼教案例

中班结构游戏：高架桥

每到自由游戏时间，建构区都会迎来一些"建筑师"。今天来的是小海和小龙，平时他们就很喜欢到建构区玩。商量了一会儿后，他们开始建高架桥。他们首先并排立起了四个高高的圆柱形积木，并把长条积木铺在了上面。铺好桥面后，小龙又用长条积木把桥面与地面连了起来。看到建好的高架桥，他们开心地笑了起来，然后在高架桥上开起了小汽车。由于斜坡的坡度较大，每次开到斜坡时，小汽车都会直接掉下来。他们看了一会儿高架桥，还是不知道怎么办。李老师看到后，便对他们说，"我也见过高架桥，那上面的小汽车是平稳地开下来的呀"，并指了指旁边积木筐里的三角形积木和相对较矮的圆柱形积木。小海和小龙想了一会儿后，便拿出一些长条积木、三角积木和相对矮小的圆柱形积木。几经尝试，他们终于搭建出较缓的坡面，小汽车可以开下来了。

在小海和小龙的小汽车无法正常从桥面开下来，且他们无法独自解决时，李老师通过间接指导的方式，适时给他们提供了方向，在他们找到方法后便退出，没有再进行干预。幼儿们在李老师的提示下，通过自己的思考找到了解决办法，不仅体验了成功，也增强了自信。李老师的做法体现的就是间接指导与适时退出的原则。

（二）幼儿园游戏课程实施的要求

1. 幼儿具有相应经验

幼儿的知识经验是游戏的源泉。无论幼儿进行何种类型的游戏，都离不开生活经验。处于具体形象思维阶段的幼儿，只有头脑中拥有丰富的表象，才能开展相关游戏。例如，"娃娃家"游戏就需要幼儿对家庭成员角色、关系有一定的了解；建构类的游戏需要依托幼儿对于周围事物的印象等。教师只有利用各种机会和途径，丰富幼儿的经验，才能推动幼儿游戏课程更好地实施。

2. 提供适宜的游戏资源

游戏资源包括游戏时间、游戏空间、游戏材料三个方面。在游戏时间上，教师要保障幼儿有充分的游戏时间，倘若游戏时间短，幼儿就不能选择一些较为复杂的游戏，这样不利于幼儿各项能力的进一步发展。在游戏空间方面，有研究显示，游戏环境的空间密度直接影响游戏行为，人均2.32—7.0平方米是最适宜的游戏空间密度，低于前者，幼儿的攻击性行为、破坏玩具的行为会明显增加；高于后者，幼儿的人际互动会减少。因此教师要合理规划游戏空间，既

有让幼儿集体活动的空间，也有让几个幼儿一起活动的空间，条件允许的话还可有相对私密的单独空间。在游戏材料方面，要保障游戏材料数量充足、类型丰富、具有难度层次。此外，游戏材料要放在幼儿可见的地方，幼儿只有看到材料，才会更多地去使用材料进行游戏。

3. 认真观察幼儿游戏

游戏课程实施过程中，幼儿的各种行为和表现都可以成为教师观察的内容，包括幼儿游戏使用材料的情况、幼儿的玩耍情况、师幼互动情况、幼儿的人际交往情况、幼儿的发展情况等。教师认真观察幼儿游戏不仅有利于了解幼儿的游戏意愿及游戏发展进程，同时也有利于教师在游戏课程实施过程中找准介入幼儿游戏的最佳时机，及时为幼儿提供适宜的指导。

 **幼教案例**

今天医生好忙

中班自由活动时间里，王老师发现"医院"里的三个"医生"都在给同一个病人看病，其他"病人"一直在等待，无人询问。

王老师："医生，我头疼，还要等多久呀？"

玲玲："今天病人多。"

王老师："那我们要等很久了。可是我们也很不舒服呀，医生快给我们看看。"

丁丁："马上就好了。"

王老师："你们三个医生可以每人负责一个病人，这样我们就不用难受这么久了。"

幼儿这时忙开了，每人负责一个病人，并不时关注其他病人的情况……

案例中的幼儿在游戏活动中不懂得合作与分工，教师通过观察确定了指导的必要性，找准了介入的时机，有效培养了幼儿合作分工、主动与人交往的能力，同时也丰富了幼儿的生活经验，推动了游戏的进一步发展。

4. 游戏中科学指导

幼儿园游戏课程实施过程中需要教师进行科学指导，科学指导包含两层含义。

其一，找准合适的介入时机。教师介入幼儿游戏的时机是否合适取决于两个方面，一方面是幼儿的客观需要，当幼儿对游戏失去兴趣或准备放弃时，或者游戏内容发展出现困难时就是教师介入的时机。另一方面是教师的期待，即教师期望幼儿出现的游戏水平、游戏态度和游戏体验等。例如，教师期望在"理发店"游戏中幼儿的想象力再丰富一些，于是假装成顾客，启发幼儿可以给顾客剪发、洗头等。

其二，选择合适的介入指导方式。介入指导的方式包括平行式介入、交叉式介入、垂直式介入三种。平行式介入指教师在幼儿附近和幼儿玩相同或不同材料的游戏，目的在于引起幼儿的模仿，起暗示指导作用。例如幼儿在用雪花片搭大风车时，由于底座搭得不够大，风车总是立不起来，这时教师在旁边也拿出雪花片开始搭大风车，一边搭一边说"我要把底座搭大一些，这样大风车才站得稳"。交叉式介入是指当幼儿需要教师的参与或教师认为有介入的必要时，教师通过扮演幼儿游戏中的某一个角色而进入游戏，通过与幼儿的角色互动，支持引导幼儿游戏。例如前文案例"今天医生好忙"中，教师运用的就是交叉式介入。垂直式介入是指当幼儿游戏出现严重违反规则或攻击性行为等危险因素时，教师直接进入游戏，对游戏进行干预。

5. 引导幼儿遵守游戏规则，培养良好的规则意识

游戏规则是保证游戏安全、有序开展的重要条件，教师在游戏课程实施过程中，要明确游戏规则，注重幼儿良好行为习惯的养成，运用语言提示、行为示范、环境布置和教育渗透等方式引导幼儿遵守必要的游戏规则，培养幼儿良好的行为规则意识。

（三）幼儿园游戏课程实施的方法

1. 言语方法

（1）建议。

建议指教师针对幼儿的实际情况，以直接或间接的方式向幼儿提出解决问题的方法或建议。如"丁丁，小羊的角在头上，你应该向上戴""超市里的面包卖完了，我们开个面包坊，做面包怎么样？"建议可以帮助幼儿拓展游戏主题、明确角色等，教师在使用这种方式时要注意自己的语气和态度，使幼儿感觉像和朋友一样在商量、合作。

（2）询问。

询问是指教师鼓励幼儿用语言描述自己的行为或经历的事情。如"你能告诉我你在做什么吗？""你为什么要把太阳涂成黑色的？"询问可以帮助幼儿明确自己正在做的事情，也有利于教师了解幼儿的想法，避免教师把自己的想法强加给幼儿或对幼儿的行为产生误解。

（3）描述。

描述是指教师客观地描述幼儿的行为或行为的结果以及幼儿的情绪情感反应。例如，教师看到一名幼儿试图将正方形的积木从桶盖上三角形的洞里放进去，几次尝试后终于找到问题，最终将正方形的积木从桶盖上正方形的洞里放进去了。教师表扬他说："你真厉害，你想把积木放进桶里，一开始从三角形的洞里放不进去，然后你从正方形的洞里就把它放进去了，当积木和洞洞的形状一样的时候它们就可以顺利进入到桶里了。"描述法可以帮助幼儿梳理经验，使幼儿对自己的游戏行为有更加明确的意识，同时，还可以让幼儿感受到教师对自己的关注。

（4）提问。

提问是指教师通过问问题的形式，引导幼儿探索、思考与表达。如"为什么下雨天，小鱼

要浮出水面?""为什么我们会有影子呀?"教师在提问时,应尽量以开放式问题为主,这样有利于培养幼儿的发散思维。

（5）评价。

评价是指通过教师评价、幼儿自评、师幼互评等方式对幼儿在游戏中的行为、表现、结果进行点评和总结。如"今天红红发现红色和黄色配在一起,可以变出橙色,真了不起""玲玲今天发现了塑料的新玩法,这个玩法真有意思",在评价过程中教师要引导幼儿积极发言,培养幼儿的表达力。

2. 非言语方法

幼儿园游戏课程实施的方法除了言语方法外,还有非言语方法。非言语方法是指教师利用自己的表情、眼神、动作等方式对幼儿的游戏活动进行指导。

 幼教案例

做头饰

刘老师让幼儿们做头饰,做好了以后可以戴在头上。班里年纪最小的女孩雯雯,按照纸带上现成的印迹做好头饰后戴到头上,却发现头饰太大了,一下子滑到了脖子上。这时,她看到别的孩子已经戴着头饰玩了起来,于是着急地看着刘老师,希望得到刘老师的帮助。但是,刘老师没有走过来,只是远远地看着她,对她微笑着点头。刘老师的动作和表情使雯雯明白了刘老师不会过来帮她,而是希望她自己解决。雯雯低下头继续摆弄头饰,她不时地抬头看一眼刘老师,刘老师每次都报以微笑。刘老师的关注使雯雯坚持探索,她尝试着用各种办法来使头饰的大小变得合适,但摆弄了许久,依然没有找到解决办法。雯雯小脸憋得通红,她又求助般地看着刘老师。这时,刘老师在远处用手对她做了一个"折叠"的动作,雯雯马上明白了,她把头饰的带子折叠了一小段,然后高兴地把它戴在了头上。见到雯雯的成功,刘老师在远处朝她微笑着点点头。

案例中雯雯向刘老师发送了"需要帮助"的信息后,刘老师没有直接运用语言进行指导,而是通过微笑、点头的方式鼓励雯雯再次尝试、探索。当雯雯仍然没有找到解决办法时,刘老师又通过作出"折叠"的动作给予雯雯启发。此处微笑、点头、"折叠"动作的运用就是非言语方法的运用体现。

微课：幼儿园
主题课程实施

任务三 幼儿园主题课程实施

幼儿园主题课程的组织是一项系统工程，由准备、实施、总结三个阶段构成。准备阶段包括主题的确定与命名、主题网络图的编制、主题活动目标的确定、主题活动内容的设计等。总结阶段包括对主题的总结反思、资料的整理归档，而实施阶段主要包括主题环境的创设、教学活动、开展家长工作等内容。

一 主题环境创设

幼儿园主题环境创设包括物质环境创设和精神环境创设，此处主要介绍幼儿园物质环境创设。幼儿园主题活动下的物质环境创设包括主题墙的创设、主题区角的创设和家庭、社区环境资源的利用。

（一）主题墙

幼儿园主题墙是指教师和幼儿共同创设的与主题相关的所有墙面环境。主题墙有着丰富的学习资源，是幼儿园主题活动的延续。好的主题墙有利于幼儿主动学习与发展，有利于家长了解幼儿在园学习情况，增强家园联系，也有利于教师及时反思与成长。在创设主题墙时，首先要尊重幼儿的主体地位，创造条件让幼儿参与主题墙的创设；其次，主体墙面的高度要与幼儿的身高、视线相适宜，以便增强幼儿与主题墙的互动，发挥主题墙的教育意义；最后，要科学规划幼儿园主题墙面，避免主题墙内容的简单堆砌，杂乱无序（图4-1）。

图4-1 布局合理的主题墙

（二）主题区角

主题区角是指教师以主题为背景，有目的、有计划地对教室空间进行合理布局，创设与主题活动目标相关联的活动区角，并结合幼儿发展需要、兴趣、能力特点提供多样化的材料供幼儿进行个别化、自主性学习的活动场所。主题区角是幼儿园主题环境创设的重要内容，是对主题情境的进一步延伸。在对主题区角进行布局时要综合考虑各区角的性质及幼儿的活动特点等，做到干湿分区、动静分区、方便畅通、相对封闭等。在区角材料投放过程中要注意：第一，材料的投放应与主题活动目标相适宜，富有趣味性和丰富性，符合实际需求；第二，材料要有层次性和多功能性，能够为不同能力水平的孩子提供有梯度的材料；第三，材料投放要有动态性和可变性，要根据幼儿的发展、兴趣情况及时对材料进行调整；第四，材料投放要与主题活动的进程相辅相成；最后，要保障孩子的自主性，引导幼儿参与区角材料投放，自主对材料进行设计制作。

 幼教案例

大班主题活动"我是中国娃"的区角、游戏材料

1. 区角材料

语言区———提供《司马光砸缸》《曹冲称象》《阿凡提》等故事书；提供象形文字图片让幼儿认读交流。

科学区———提供四大发明的图片让幼儿了解，提供指南针、纸浆等材料让幼儿探索。

美工区———提供长纸条和水彩笔让幼儿制作手拉手娃娃，提供少数民族图片和多元材料，让幼儿设计民族服饰。

建筑区———提供石拱桥、天安门、长城等图片让幼儿仿造建筑。

表演区———提供民族特色饰品让幼儿佩戴并进行表演。

2. 创造性游戏材料

（1）收集帐篷在创造性游戏中代替蒙古包，让幼儿在帐篷中进行"娃娃家"游戏，体验蒙古族的生活方式。

（2）收集少数民族服饰，让幼儿穿戴服饰，拍摄留念。

（3）将幼儿收集的各地特产放入超市，设立特产专柜。

（三）家庭、社区环境资源

家庭、社区环境资源是在幼儿园主题环境的创设过程中，可以使用的有利资源。家长参与

材料收集能够为幼儿园主题环境创设的开展提供一定的物质支持，也有利于家长了解幼儿园主题活动的内容，拓展家园联系内涵，增强亲子互动。社区资源的利用能够丰富、拓展、补充幼儿园主题活动的内容与形式，因此，在主题环境创设中需要充分利用好家庭社区的环境资源。

 **幼教案例**

大班主题活动"闽南茶俗"的家园互动方案

1. 家长与幼儿共同收集资料，制作茶壶布置"小茶馆"。

2. 配合主题，丰富幼儿经验，在日常生活中帮助幼儿从不同角度了解茶、茶艺。

3. 家长帮助联系茶馆，引导幼儿观看茶艺表演，认识一些简单的制作茶工具。

二　科学组织集体教学活动与区角活动

主题活动由不同的活动构成，主要包括集体教学活动和区角活动两种。一般情况下，集体教学活动是跟进主题的主要方式，而主题背景下的区角活动是对集体教学活动的重要补充。区角活动是指利用活动室、睡眠室、走廊等地来设置区角，依据教育目标、幼儿的兴趣和发展需要，在各区角投放一定的材料，让幼儿根据自己的兴趣和意愿选择活动内容和活动方式的小组化、个体化教育活动的一种试行。教师在组织集体教学活动与区角活动时，需要注意：

第一，区角活动与集体教学活动的呼应。教师应有意识地在区角延伸集体教学活动的内容，满足幼儿多样化的需求，提升幼儿的多元能力，促进幼儿全面发展。如"不能没有水"就是大班主题活动"亲亲水世界"中的一个集体教学活动，教师为其创设了相应的科学区、语言区、美工区供个别幼儿和小组活动。

 **幼教案例**

大班主题活动：不能没有水

［活动目标］

1. 知道人类、动物、植物都离不开水，意识到水在生命活动中的重要性。

2. 养成爱惜水资源的习惯，培养保护水资源的意识。

［活动准备］

1. 诗歌：《因为有你》的挂图或电子图片。

2. 课件：《生命离不开水》。

3. 教师、幼儿共同收集各种关于水的图片。

4. 每组一盆种在玻璃容器里的小草（缺水，泥土颜色灰白）、水、浇水的小勺、观察记录表、记录笔。

[活动指导]

1. 观看课件《生命离不开水》。

2. 讨论：

（1）人和动物、植物能不能没有水？（人不能没有水，动物、植物也离不开水）

（2）怎样喝水才健康？（启发幼儿根据自己的生活经验，大胆发表意见）

小结：水是生命之源，就像乳汁一样哺育着地球上所有的生命。

3. 欣赏诗歌《因为有你》：

（1）结合图片，欣赏诗歌。

（2）引导语：这首诗歌是赞美什么的？为什么水会使地球变得更加美丽？

[区角活动]

1. 科学区

植物是怎样喝水的：提供剪刀、红蓝墨水、玻璃杯、橡皮筋、水、芹菜等，将芹菜的茎剪短一些，叶子摘掉一些。把橡皮筋套在杯子上，再装进一些水，并滴进一些红墨水。将芹菜插进杯子里，调整橡皮筋到水面的位置并做好标记。过了一会儿，让幼儿看看水面和橡皮筋的位置是否一样（水面低于橡皮筋），芹菜的茎有什么变化（变红）。

2. 语言区

提供有关水的图片（如水与人们的生活，水与动植物之间的关系），水污染的图片资料，字卡若干，引导幼儿讲述水的故事。

3. 美工区

提供绘画材料，让幼儿根据诗歌《因为有你》和自编的故事及生活经验创作绘画《水的故事》。

第二，正确处理预设与生成之间的关系。在主题课程实施过程中，教师既要参照预先拟定的活动方案，也要根据活动过程中的观察与思考，结合幼儿的兴趣、活动进展等因素调整集体教学活动方案与区角活动的创设，做到灵活性与计划性的统一。例如教师在开展大班主题活动"亲亲水世界"中"不能没有水"的集体教学活动时，在讨论环节了解到较多孩子在炎热的天气不知道及时补充水分，相比于喝水更喜欢喝甜甜的饮料后，教师就生成了新的健康活动"多喝水，身体棒"。

第三，重视教师与幼儿的合作探究。主题活动是一种很好的师幼互动、共建的活动，由于主题活动的切入点是幼儿的兴趣，因而在活动中幼儿的主体地位、积极性都能得到很好的体现、发挥。因此，教师在集体教学活动和区角活动中要积极创设条件让幼儿亲身实践、感知操作，多采用师生合作探究、幼儿小组合作的形式开展活动。此外，在集体教学活动和区角活动中，教师还要积极引导幼儿发现问题、解决问题，鼓励幼儿主动探究、大胆尝试、自主学习。例如，在中班主题活动"我升中班啦"中的一个子活动"朵拉带我去寻宝"，幼儿与教师互动，与其他幼儿互动，充分体现了自身的主体性；教师则积极引导幼儿发现问题、解决问题，鼓励幼儿主动探究、大胆尝试，很好地体现了教师与幼儿的合作与探究。

 幼教案例

中班主题活动：朵拉带我去寻宝（节选）

1. 图形解密，寻找密码

（1）出示PPT，激发幼儿探索的兴趣。

教师："你们看到朵拉手里拿着的是什么？"

幼儿1："密码箱。"

教师："你怎么知道是密码箱的？"

幼儿1："我看过和这个差不多的，我妈妈的行李箱上就有，得需要密码才能打开。"

教师："让你说对了，朵拉手里拿的就是密码箱，需要密码，里面装有寻宝用的工具，可是密码是什么呢？"

（2）教师出示圆形、三角形和方形卡片。（暗藏数字小孔）

教师："朵拉明明记得把密码藏在图形里面了，可是她找不到了，我们一起帮帮她吧。"

2. 感知光的直线传播

（1）教师将3种图形分组发给幼儿，幼儿进行探索。

第一次探索：探索图形宝宝中的秘密。（让幼儿发现图形中的数字小孔）

教师："谁有新发现？找到数字了吗？"

幼儿1："上面有小孔。"

幼儿2："好像是数字。"

第二次探索：了解光线的直线传播。

教师："有什么办法可以让小朋友都看到你的发现呢？"（请幼儿依次讲解并演示）

幼儿1："手电筒。"

教师："有什么办法才能让我们大家都看到你手里的数字呢？"

（2）幼儿尝试操作。（幼儿对已有经验加以巩固）

幼儿1："老师，快看，地面上有数字。"

教师："密码出现了。"

（3）请幼儿交流分享密码出现的方法。

教师小结："原来光是可以从小孔直直地穿过去，透过小孔形成了数字形状的光斑。"

教师："数字分别是什么？"（请幼儿输入密码，打开密码箱）

幼儿："3，2，7。"

教师："密码找到了，谁愿意来试一试帮助朵拉打开密码箱？"

（4）幼儿尝试打开密码箱。

幼儿1："不对呀，怎么没有打开呢？"

幼儿2："你换下顺序。"

教师："真聪明，发现了排序顺序，那你们看下图形的摆放顺序。"

幼儿2："圆形、方形、三角形。"

幼儿1："那我们再试下3，7，2。"（幼儿操作成功，胜利欢呼）

教师："我们一起来看看里面有什么。"

幼儿："密码箱里面放了小镜子，手电筒。"

教师："这些都是用来干什么的呢？"

幼儿："照明。"

三　积极开展家长工作

《幼儿园教育指导纲要（试行）》中指出："家庭是幼儿园重要的合作伙伴。应本着尊重、平等、合作的原则，争取家长的理解、支持和主动参与，并积极支持、帮助家长提高教育能力。"在主题活动实施阶段，家长参与的方式主要有以下两种：

第一，直接参与。首先是亲子活动，例如亲子运动会、亲子阅读、亲子制作等都是主题活动过程中经常开展的家长教育的活动形式。其次是家长助教，教师可以在主题活动准备阶段，对家长作一个简单的调查，建立家长智囊团，选择有能力的家长或者根据主题活动的需要请家长担任"教师"，对孩子进行教育。让家长进入课堂，为教育增添了活力，不仅丰富了幼儿的知识经验和社会经验，也拓展了教师的教育方法，弥补了教师在思维方式上的局限，使主题活动更加丰富多彩。最后是家长志愿者，根据家长的意愿及时间开展家长志愿者活动，让志愿者家长随班协助教师开展活动。

第二，间接参与。间接参与指家长不直接来园，但协助幼儿收集主题材料，通过家长会、家园联系簿反映情况等方式间接为教师提供主题课程实施的支持，同时为教师调整主题课程实施过程提供参考信息。

📁 考点聚焦

[考点梳理]

本单元知识在历年教师资格考试中多有涉及，且多以选择题、材料分析题型出现，需要应考者能运用课程实施的原则、要求、方法等对教师的行为进行分析并提出相应建议。

答案解析

[真题演练]

一、单项选择题

1.（2016年下半年）活动区活动该结束了，可是晨晨的游乐园还没搭完，他跑到老师面前："老师，我还差一点就完成了，再给我5分钟，行吗？"老师说："行，我等你。"一边说一边指导其他幼儿收拾、整理……该教师的做法体现了幼儿园一日生活安排应该（　　）。

A. 与幼儿积极互动　　　　　　　　B. 根据幼儿活动的需要灵活调整

C. 按作息时间表按部就班进行　　　D. 随时关注幼儿的活动

2.（2018年上半年）幼儿在游戏时总是喜欢争抢玩具。对此，胡老师不合适的做法是（　　）。

A. 组织幼儿讨论玩具使用规则　　　B. 让幼儿说明争抢玩具的理由

C. 表扬幼儿的分享与合作行为　　　D. 让争抢的幼儿站到墙角

3.（2022年上半年）"拼图"游戏时，王老师见东东反复地拿起这块放下那块，不知该拿出哪块，急得满脸通红、满头大汗。对此，王老师恰当的说法是（　　）。

A."不要着急，我们再试试吧"　　　B."你看看，晓红是怎么拼的"

C."试试红色正方形的拼板吧"　　　D."仔细看一下颜色和形状"

4.（2022年下半年）刚进园时，小朋友们试图用旋转的方法打开水龙头，不出水就大声叫教师。这时蒋老师没有急于出手协助，而是鼓励他们自己去试。不久小朋友们发现，提起开关，水就流出来，按下去，水就关上了，小朋友们快乐得不得了。这体现了蒋老师注重（　　）。

A. 教师的主体作用　　　　　　　　B. 游戏的增进作用

C. 幼儿的亲身体验　　　　　　　　D. 环境的积极影响

二、材料分析题

（2016年上半年）角色游戏中，大二班在教室里开展理发店主题游戏，教师为了提升幼儿的游戏水平，主动为幼儿制作了理发店的价目表。

洗发	10元	牛奶洗脸	10元
剪发	10元	美白面膜	10元
烫发	30元	造型设计	20元
染发	30元	身体按摩	20元

问题：请结合你对角色游戏的理解，分析教师提供价目表这一做法是否合适，并提出建议。

思考与练习

1. 简述课程实施的含义。

2. 主要有哪些课程实施的取向？

3. 根据以下案例，回答相关问题：

参考答案

离园时，王老师发现红红的衣服有些怪怪的，仔细一看，原来是红红衣服的纽扣扣错位置了。在王老师的指导下，红红把纽扣一个个解开，开始重新扣。这时，红红的奶奶出现在活动室门口，看到了这一场景，脸上明显有些生气，于是她自己上前准备帮红红扣，还拉过红红说："看这衣服的样子，就知道肯定是红红自己穿的，我们红红还小，老师您也不知道多照顾她一下。""红红能够独立穿衣服，是一件值得高兴的事情啊，多给她机会练习，她会自己把衣服穿好的，自理能力也会明显提升，您说对吗？"红红奶奶听了王老师的话，才明白了王老师的良苦用心，于是笑眯眯地对红红说："红红加油，你慢慢扣，等你扣完了我们再一起回家，奶奶等你。"

结合幼儿园生活课程实施的原则，分析王老师的行为。

单 元 五
幼儿园课程评价

 学习目标

素质目标

→ 乐于运用所学知识对幼儿园课程进行评价。

→ 具有客观评价的意识。

知识目标

→ 理解幼儿园课程评价的含义、目的与作用。

→ 了解幼儿园课程评价的类型，掌握幼儿园课程评价的内容。

→ 理解幼儿园课程评价的依据和原则。

→ 掌握幼儿园课程评价的具体方法。

能力目标

→ 能运用正确的评价方法对幼儿园教育活动进行评价。

 **单元导航**

幼儿园课程评价
- 幼儿园课程评价概述
  - 幼儿园课程评价的含义
  - 幼儿园课程评价的目的与作用
  - 幼儿园课程评价的内容与类型
- 幼儿园课程评价的原则与方法
  - 幼儿园课程评价的原则
  - 幼儿园课程评价的方法
- 幼儿园课程评价的指标与标准
  - 幼儿园课程评价指标
  - 幼儿园课程的具体评价标准

**情境导入**

　　在一次游戏见习活动后，指导老师让学生对观摩的游戏活动进行评价，有的学生说刚才的活动，授课教师组织得很好，幼儿在游戏过程中能够积极参与；有的学生却说，在这个游戏活动中，教师没有关注到幼儿的个体差异，需要对游戏环节进行改进。

　　案例中，学生观摩了同一个游戏教学活动，由于评价的标准不同，评价结果也不尽相同。那幼儿园课程评价是什么？幼儿园课程评价的内容和方式有哪些呢？本章就来解决这些问题。

任务一　幼儿园课程评价概述

微课：幼儿园
课程评价概述

幼儿园课程评价的含义

（一）评价

　　评价是一种普遍的行为，是对人或事物的价值作出判断的一种观念性的活动。也就是说，不同的评价主体对于同一事物会有完全不同的评价。因此评价是一种有目的的观念性活动。

（二）课程评价

　　课程评价就是以一定的方法、途径对课程的计划、活动及结果等问题的价值或特点作出判断的过程。课程评价在整个课程系统工程中占有举足轻重的地位，因为它既是课程运作的"终点"，又是课程继续发展的起点，而且伴随着课程运作的全过程。

（三）幼儿园课程评价

　　幼儿园课程评价是指针对幼儿园课程的特点及要素，通过分析比较幼儿园课程计划、活动以及结果等方面的资料，科学地判断幼儿园课程的价值和效益的过程。因此，幼儿园课程评价是过程性与结果性兼备的评价活动。总而言之，幼儿园课程评价就是探索课程的编制和实施是否符合教育目的和幼儿特点的要求；通过课程的学习，是否收到了预期的效果；课程在什么方面需要改进；等等。

 想一想

为什么要对幼儿园课程进行评价？

二　幼儿园课程评价的目的与作用

（一）幼儿园课程评价的目的

幼儿园课程评价是针对幼儿园课程的特点及要素，分析和判断幼儿园课程的价值过程。具体而言，幼儿园课程评价的目的包括以下几点。

1. 完善原有课程或者开发、发展新课程

完善原有课程是幼儿园课程评价最常见的目的。由于评价具有诊断功能，能帮助教师及时发现课程的不足或者问题，找出问题的原因和影响因素，因此可以为调整、改进课程提供依据。这一功能也使课程评价天然具有"研究性"特点，评价过程需要不断发现问题，提出"为什么"，并尝试作出解释，也就是说，评价过程本身就是一个研究过程。研究的结果不仅能发展和完善旧课程，开发新课程，也会使评价者自身的专业水平得到发展和提高。因为评价者在发现问题、寻找答案和解决问题的过程中，会不断加深对课程问题的认识，形成新的思路和新的经验。

2. 管理课程

以管理课程为目的的评价，一般以选择、推广课程与鉴定学前教育质量为其主要功能。选择、推广一种课程模式，需要通过对课程方案进行理性分析，或者对其实际效果进行评定。只有对课程的性质、特点、使用范围等作出价值判断，才能决定其是否可以采用，是否值得推广。如果确定推广，那么还要指出推广中应注意的问题，无论对国内流行的课程，还是对从国外引进的课程，都需要作出这种鉴别，然后决定取舍。同时，课程评价也可作为学前教育机构分级分类验收工作的一个鉴定手段，当然，其目的主要服务于学前教育机构的管理、鉴定方面。

（二）幼儿园课程评价的作用

课程评价是幼儿园教育工作的重要组成部分，是了解教育的适宜性、有效性，调整和改进工作，促进每一名幼儿发展，提高教育质量的必要手段。幼儿园课程评价的主要功能在于及时检验幼儿园课程，发现存在的问题，并以此为调整和改进课程的依据，其目的是促进幼儿的发展和教师的专业性成长，提高教育质量。

1. 选择作用

课程评价可以帮助教师选择更好的课程。通常，幼儿教师在对幼儿实施恰当的教育之前，都要通过课程评价手段来了解幼儿的现有发展水平和需要，确定幼儿的最近发展区，从而找到课程实施的起点。教师也需要考虑家长对幼儿教育的认识水平和需求，来确定课程的内容。教师可能还需要对多种现成的课程方案的价值进行评估。当教师掌握了有关幼儿发展需要、社会需要以及现有课程方案的价值的相关信息时，就可以对多种课程方案作出合理的选择。课程评价的选择作用通常体现在课程系统运作的开始阶段。

幼教案例

一天吃橘子的时候，教师又看到好多因不会剥橘子而愁眉苦脸的孩子。《指南》中指出："幼儿应具有基本的生活自理能力，成人应鼓励幼儿做力所能及的事情，对幼儿的尝试与努力给予肯定，不因做不好或做得慢而包办代替。"小班幼儿的小肌肉动作发育还很不完善，教师可以开展专门的教育活动，帮助幼儿锻炼剥的能力，再利用日常生活教育的时机，让孩子学习基本的生活技能，发展动手能力。

教师在日常生活中了解了幼儿"剥"的现有水平，确定幼儿"剥"的最近发展区，为教学内容选择提供依据。

2. 监控作用

课程评价可以帮助教师和管理人员监控教育、教学过程。课程评价可以对课程实施过程中各相关要素的运行情况进行跟踪，随时发现问题，及时作出调整，使课程实施过程朝着预定的目标方向前进。

3. 总结作用

当一个课程实施过程结束时，需要通过课程评价所提供的信息来全面总结预定目标的达成情况及课程实施的效果，总结课程系统运作中的经验和找出存在的问题，为新一轮的课程实施提供借鉴。

4. 反馈作用

课程评价作为教育过程的一种反馈机制，正是其反馈作用，使课程评价既可以是课程系统运作的终点，又可以作为新一轮课程运作的起点。反馈作用是教育者有意识、有目的地运用课程评价所提供的总结性信息，以反思自身教育行为的结果。课程评价的结果只有被评价者用于改进、完善原有课程时，其反馈作用才能得以发挥。如果没有课程评价所提供的反馈信息，任何课程都不可能会得到改进。

5. 导向作用

在我国，幼儿园课程评价是依据《幼儿园工作规程》《幼儿园教育指导纲要（试行）》和《3—6岁儿童学习与发展指南》所确定的基本精神，对幼儿园课程进行系统的鉴别和考察的过程。课程评价具有鲜明的方向性，就像一根指挥棒，评什么和怎样评，都会对幼儿教育的实践产生直接的导向作用。例如对教学活动的评价，如果只以幼儿获得知识技巧的多少来评价教学效果的话，就会引导教师忽略在教学过程中培养幼儿的态度和情感，不重视幼儿主动参与活动，不重视发展幼儿的创造性，而热衷于采用"满堂灌""骑兵式"的教学形式，让幼儿死记硬背、机械模仿、反复训练。因此，评价的导向作用是十分重要的，必须依据正确的教育观来确定评价标准。管理者尤其应当重视幼儿园课程评价的导向作用，可以通过这一作用的发挥来传播和推广先进的教育理念和实践。

三 幼儿园课程评价的内容与类型

（一）幼儿园课程评价的内容

幼儿园课程评价的内容包括对幼儿园课程方案、幼儿园课程实施过程及幼儿园课程实施效果的评价，具体内容详见表5-1。

表5-1 幼儿园课程评价的内容

评价对象	评价内容
幼儿园课程方案	课程理念、课程目标、组织形式、组织内容、课程评价
幼儿园课程实施过程	幼儿园生活活动：需关注生活常规与管理、互动与支持、生活活动的科学照顾、生活活动与课程的整合性等。 幼儿园游戏活动：需关注材料和空间、材料的管理和使用、活动设计各步骤的关联性、活动监护与指导等。 幼儿园教学活动：需考虑是否以幼儿为中心、是否要素一致、互动是否有效等。
幼儿园课程实施效果	课程实施效果内容广泛，需根据具体课程对象具体讨论。

1. 幼儿园课程方案的评价

评价学前教育课程方案，主要从两个方面进行考虑：第一，方案及方案中的各个要素、部分是否依据了科学的原理和原则，是否以正确的课程理论为指导；第二，课程结构是否合理，各个要素之间是否具有较高的内部一致性，是否符合原先的指导思想。

具体表现在课程方案所持有的基本理念及所强调的主要价值取向是否与幼儿园所在的社会文化背景及幼儿园教育实际情况相契合；课程内容是否体现启蒙性、平衡性和地域性并切合幼儿园的生活经验；课程各组成部分是否在课程理念的统合下形成一个协调的整体，并能发挥其整体功能。值得注意的是，学前教育课程方案的范围很宽泛，大到课程整体规划，小到具体的一个教育活动设计。

2. 幼儿园课程实施过程的评价

幼儿园课程实施过程是整个课程运行的重要环节。评价幼儿园课程实施过程，主要可以从以下几个方面进行考虑：第一，师生互动的质量（教师能否在观察的基础上，对幼儿的反应作出恰当的判断并及时回应）；第二，幼儿在课程活动中的反应（主动性、参与程度及情绪表现等）；第三，教师的态度和行为（对儿童的控制程度、管理方式、教育机制和技巧等）；第四，幼儿园环境的创设和利用等。幼儿园课程实施过程的评价主要取决于幼儿园教师，教师在与幼儿的互动中不断地反思和改进教学，使得课程目标、内容及教学方式与幼儿现有的发展水平相适应。

3. 幼儿园课程实施效果的评价

幼儿园课程实施效果的评价主要集中在幼儿的发展和教师的行为两个方面。

（1）幼儿发展的评价。

幼儿园课程对幼儿发展的评价主要集中在幼儿掌握与课程有关具体知识的情况方面；幼儿学习后的态度、方法、行为等方面的积极变化；幼儿的变化与课程目标的符合程度以及产生了哪些非预期的效果等。

（2）教师行为的评价。

对教师行为的评价主要看教师是否为幼儿提供适宜的学习经验，所提供的经验是否来源于幼儿的生活，与已有经验是否有联系；是否兼顾幼儿全体和个体差异，是否适宜幼儿的兴趣和学习特点；教师是否为幼儿营造了有利于学习和生活的健康的心理环境；教师是否为幼儿准备了富有教育意义的丰富材料；教师是否重视幼儿的学习能力，以及教学目标的达成情况；等等。

（二）幼儿园课程评价的类型

课程评价可以分为不同的类型，根据评价目的的不同，幼儿园课程评价可以分为形成性评价和总结性评价；根据评价者所持有方法论的不同，幼儿园课程评价可分为定量评价和定性评价。

1. 形成性评价和总结性评价

（1）形成性评价。

形成性评价又称过程性评价，是对教育实施过程中的各种现象进行评价。其目的在于了解教育活动的动态过程，及时对现有的教学计划或教学方案进行修改、调整和完善。这种评价可以出现在课程实施之前、实施之中以及实施之后，可以较为清晰地描述教育活动的过程和幼儿发展成长的轨迹。

（2）总结性评价。

总结性评价又称终结性评价，是在教育实施之后，对教育质量进行的总体评价。其目的在于对教育活动或幼儿发展得出总结性结论，确认教育活动的质量或幼儿发展所达到的程度。这种评价的概括性水平较高，是对某一阶段教育活动质量和幼儿发展水平的判断，可以作为一个阶段的终点，也可以作为新阶段的起点。

总之，形成性评价关注的是课程问题的起因，总结性评价关注的是课程问题的程度；形成性评价的结果主要是为课程编制者改进课程所用，总结性评价的结果主要是为课程决策者提供制定政策的依据；形成性评价关注的是课程计划的改进，总结性评价关注的是评定课程计划的整体效果。

在幼儿园课程评价过程中，形成性评价和总结性评价并非非此即彼的。例如，在为课程发展而进行的形成性评价过程中，可包含对某个阶段教育的短期效果做估计的总结性评价；在为评定课程效果而进行的总结性评价中，也可包含一些形成性评价，作为课程判断和决策的参考依据。

2. 定量评价与定性评价

定量研究与定性研究是课程评价中最常用的研究方法。在幼儿园课程评价中，很少只采用一种方法进行研究，一般会将定量研究与定性研究相结合，力求研究的客观性和严谨性。

（1）定量评价。

定量评价就是把课程现象简化为数据，从数量化的表达中抽象出课程的实施效果。幼儿园课程的定量评价就是通过搜集数据资料，采用定量计算的方法，用一定的数字模型或数学方法，从数据的分析、比较中推断某一评价对象成效的评价方式。

在定量评价过程中，评价者采取客观、中立的态度，尽量不带个人的价值倾向，注意控制课程相关的各种变量，通过搜集定量的资料或测试分析，推断幼儿学习与发展的结果。

（2）定性评价。

定性评价就是试图通过全面的调查，全面地揭示和描述评价对象的各种特质，以揭示数学背后的意义。幼儿园课程的定性评价是指对不便量化的评价对象，通过观察、调查、系统分析、逻辑分析等方式，处理教育信息，进行定性描述，作出判断的一种评价方式。

在定性评价过程中，搜集的材料应当是与教育情境相联系的描述性材料，不能脱离教育实践的情境，应当与教育情境相联系。

任务二　幼儿园课程评价的原则与方法

微课：幼儿园
课程评价的
原则与方法

一　幼儿园课程评价的原则

（一）改进与发展课程

幼儿园课程评价的主要目的在于能及时了解现行课程的适宜性和有效性，以便调整、改善、和选择课程，更好地促进幼儿的发展，而不适合把课程评价作为评判教师工作或者幼儿发展的手段。所以，评价是为了发现和解决问题，是为了改进工作，促进幼儿发展，达到预期的教育目标，从而提高幼儿园教育质量。

（二）发挥教师的主体性

针对课程实施过程中的情况，教师会被当作主要评价者。幼儿园课程评价的过程是教师运用幼儿发展知识、学前教育原理等专业知识审视教育实践，发现、分析、解决问题的过程，也是教师不断学习，不断提高的重要途径。教师并不是被动地接受"检查"，而是把评价作为不断改进教学、提高教育能力，有效促进幼儿发展的一种需要和手段。因此在幼儿园课程评价中应强调以教师自评为主，园长、其他教师参与评价，发挥教师群体的作用，共同研究、共同提高。

（三）促进幼儿的发展

首先，在涉及对课程目标、课程内容、教育计划、课程实施等方面的评价时，要把"对幼儿的发展是适宜的""有效促进幼儿的发展"作为根本标准。

其次，教师在对幼儿的学习和发展进行评价时要特别注意以下几点。

①评价目标要符合幼儿身心整体发展原则，避免偏重某方面而忽略身心其他方面的发展。

②评价内容及方法要符合幼儿的特点，应是幼儿可以理解的及能够接受的，评价应尽量在日常生活中进行，使幼儿感到舒适自然，毫无压力。

③要认识到幼儿的发展是各具特点的，评价要找出幼儿的优点，发现幼儿的潜能，以提供适宜的教育方案，而不是在幼儿中搞"排行榜"。评价要尊重幼儿的个体差异，最好以幼儿自己的早期表现与现在的情况作比较，不要轻率地对幼儿进行相互比较。

④评价时要给予幼儿足够的参与机会，要接纳幼儿的看法，发展幼儿的自我评价能力，让幼儿看到自己的优点和进步，增强自尊心。

⑤评价要收集不同方面的资料，包括对幼儿的定期观察和记录、家长提供的资料、幼儿的

作品等，客观地加以整理和分析，不存在偏见。

⑥评价的结果要清楚、系统，并正面地告诉家长，使他们了解幼儿的发展进度，增强对幼儿发展的认识，以利于家园合作。

（四）具有客观性

客观地进行评价就是不抱成见、没有偏见，以统一的标准平等地对待人和事，把通过观察、测量、访谈、调查等方法从各方面收集的资料和数据，如实地加以描述，并以正确的教育观作出分析和判断。

要作出客观的评价，最重要的就是确保收集的资料和数据的真实性。所得到的资料和数据如果不真实，依据它所作出的判断就会是错误的。因此，没有必要因为担心评价中会发现问题而弄虚作假，相反，应把发现问题当作好事。解决了问题，我们就有了新的起点。

此外，要保证评价的客观性，所收集的资料和数据要具体而全面。如果丢失了重要信息，据此所作出的判断也会是不全面的甚至是错误的，所制订的改进措施也会是不到位的。

二　幼儿园课程评价的方法

幼儿园课程可根据评价的具体任务采用观察法、访谈法、问卷调查法、作品分析法和档案袋评价法。

（一）观察法

观察法是研究者根据一定的研究目的、研究提纲或观察表，用自己的感官和辅助工具去直接观察被研究对象，从而获得资料的一种方法。观察法具有目的性、计划性、系统性和可重复性，可分为自然观察法和控制观察法。在幼儿园课程评价中所采用的观察法一般是自然观察法，即评价人员或教师走进幼儿园，对活动中发生的情况进行观察、记录和评估。

在运用观察法时应注意以下几点：①观察前必须要有明确的目的。观察者要明确自己的观察对象是什么，要怎样观察，明确观察的顺序，并且应事先准备好仪器、设备、记录表格等。②观察者可以事先与幼儿进行活动，以消除陌生感；在活动时，观察者的位置应与幼儿活动的范围保持一定的距离，以避免干扰幼儿正常活动。③观察时应避免主观因素，采用客观的记录方式，用客观事实来说话。为了保证评价的科学性，运用观察法的时候，评价人员可以通过文字描述、录音、照相以及录像等方式进行记录。

（二）访谈法

访谈法是通过与评价对象面对面的交谈来收集评价信息的方法。运用访谈法进行评价既可以验证其他方法收集的评价信息是否真实可靠，又可以补充其他方法收集资料上的不足，从而加深对评价对象的了解。这种方法让课程的中心者——幼儿有机会表达自己的意见，又没有文字等限制，因此较适合对幼儿进行评价。在使用该方法的时候，教师或评价人员可以利用课程间隙与幼儿进行交流，让幼儿充分表达自己的想法及感受，评价人员要注意倾听幼儿的想法。除了幼儿之外，还要与实施课程的教师做深层次的交流，此外，家长、幼儿园工作人员等都可以成为访谈对象。

访谈法可以分为4种：①直接回答的访谈：这是一种一问一答的访谈。访谈者把准备好的问题一一提出来，提完一个让幼儿回答一个。②选择答案的访谈：访谈者把需要询问的内容预先拟定成具体的选择题，以便被调查者选择。③自由回答的访谈：这是一种围绕一个或几个问题的访谈方法，双方自由问答，直到了解问题为止。④自然访谈：这种访谈没有具体的顺序和问答形式，可对意志、动机、信仰、感情、态度和意见等内在情形进行了解。

（三）问卷调查法

问卷调查法指的是评价人员设计编制好严密的问卷，以书面的形式下发给课程相关人员，通过广泛收集课程资料来分析课程实施效果的方法。由于幼儿年龄较小，对于问卷的理解存在困难，很难独立填写问卷，因此，问卷调查法的对象往往是教师、家长、幼儿园工作人员等。

使用问卷法应注意的问题：①应尽量避免使用复杂的语句和带有引导性的问题，以使回答者容易理解和做客观的回答。②应尽量采用不记名方式，以保证问卷的真实可靠。如果出于评价的需要，必须出现答卷人姓名时，问卷设计一定要周密。③问卷做好后，不宜急于实施，最好在被调查对象之外测试一下，经加工修改之后，再进行正式的问卷调查，以便达到最佳的效果。

（四）作品分析法

作品分析法是指评价人员通过有目的地收集幼儿通过课程所制作的作品，将其作为评价的资料，以获得幼儿某方面发展水平与状况的方法。评价人员可以有目的地收集幼儿的作品，以评价幼儿的发展水平和课程的效果。例如，教师和幼儿可以合作收集幼儿学年中不同时期具有代表性的美工和音乐作品，如绘画、泥塑、各种记录单、创编舞蹈时的录像带、一张反映几个幼儿正在合作探究某一实物时的摄影作品等，并把作品和教师的文字记录放在一起，这样可以帮助教师看出幼儿的发展形式，确认幼儿进步的情形。

（五）档案袋评价法

幼儿档案袋评价法是评价者有计划地收集展示幼儿成长过程的各类作品、活动照片、教师各类观察记录、幼儿的口述记录、家长观察记录等内容，用来评价阶段性幼儿整体发展状况的一种发展性评价方式。档案袋评价法作为一种质化评价方法，在评价取向上属于形成性评价，是在课程进行的过程中随时进行的。幼儿档案袋评价法要求收集到的各类资料是可以相互验证的连续体，可以成为幼儿评价的重要事实依据。从评价的内容上来说，它是反映幼儿发展的各领域的发展现状；从评价的过程上来说，幼儿档案袋评价是一个阶段性评价，是一个展示幼儿学习历程的过程性评价，是一个持续的不断发展的评价。

任务三　幼儿园课程评价的指标与标准

微课：幼儿园
课程评价的
指标与标准

一　幼儿园课程评价指标

评价指标是具体、可测量、行为化的，是根据可测试可观察的要求确定的评价内容。

美国幼儿教育协会（NAEYC）认为，以下指标在课程评价中不可或缺。

①接受该课程的孩子是否放松、愉悦，并积极参与其中？

②是否有足够的受过专门训练的教师？

③成人对不同年龄和有着不同兴趣的幼儿的期望是否有适当的变化？

④幼儿各方面的发展是否都受到重视？是否在幼儿的认知发展、社会情感发展和生理发展等方面都花了相应的时间并同等重视？

⑤教师们是否经常一起讨论设计和评价课程？

⑥是否欢迎家长来园参观，参与讨论课程，提供意见？

二　幼儿园课程的具体评价标准

评价标准，又称评判标准，是指人们在评价活动中应用于对象的价值尺度和界限，而评价标准依赖于客观的评价依据。在评价幼儿园课程时，需要相应的评价课程方案、课程实施过程和课程效果的尺度，这个尺度就是幼儿园课程评价的标准。

（一）幼儿园课程整体评价标准

幼儿园课程整体评价标准包括：

①课程是否能促进幼儿与伙伴、与成人之间的学习，并有利于幼儿知识的建构？

②课程能否促进幼儿在社会性、情感、身体和认知方面的发展，有助于幼儿掌握民主社会的价值观？

③课程在帮助幼儿学习知识和掌握技能的同时，是否能够使幼儿形成对学习的积极态度？

④课程对幼儿来说是有意义的吗？是否与幼儿的生活有关？是否注重与幼儿个人经验的联系并强化这种联系？或者说是否能使他们从课程中获得直接的经验？

⑤对幼儿的期望和要求是否合理、切实可行？或者说让他们在以后学习或掌握这些内容时会更容易、更有效？

⑥幼儿和老师对课程都感兴趣吗？

⑦课程是否保持对多元文化和语言的尊重和敏感？课程是否期望、允许和欣赏个别差异的存在？是否有利于形成与家庭的良好关系？

⑧课程是否以幼儿现有的知识和能力为基础，并促进他们的发展？

⑨课程是否在有意义背景中，帮助幼儿形成对概念的理解？

⑩课程是否注重促进各学科之间的联系和整合？

⑪给幼儿介绍的知识按照有关的学科标准来看，是否准确、可靠？

⑫幼儿有没有必要学习这些知识？在现阶段学习这些知识是否有效？

⑬课程是否能促进主动学习，并且允许幼儿作出有意义的选择？

⑭课程是否能促进和鼓励幼儿探究和提出问题，而不是看重"正确"的回答或者完成任务的"正确"方法？

⑮课程是否能够促进较高水平的能力，如思维、推理、问题解决和判断能力的发展？

⑯课程是否能够促进和鼓励幼儿与成人间的社会性交往？

⑰课程是否尊重幼儿对活动、感官刺激、新鲜空气、休息、健康及营养和代谢等的生理需要？

⑱课程是否有利于幼儿形成心理安全感、信任感和归属感？

⑲课程是否能使幼儿获得成就感和对学习的兴趣？

⑳课程对幼儿和教师来说，是否具有灵活性？

（二）幼儿园课程目标评价标准

幼儿园课程目标评价标准包括：

①课程目标是否是在对具体教育对象观察的基础上制订的，是否适宜幼儿发展？

②课程目标是否体现了促进幼儿身心全面发展的原则？

③课程目标是否体现了保教结合的原则？

④课程目标是否有一定的体系？阶段性目标之间是否相互衔接，下层目标与上目标或局部目标与整体目标之间是否协调一致？

（三）幼儿园课程内容评价标准

幼儿园课程内容评价标准包括：

①课程内容是否与课程目标一致，是否能通过课程内容的实施实现课程目标？

②课程内容是否考虑了幼儿的年龄与发展特点，是否考虑了幼儿的能力以及已有经验？

③课程内容是否正确、科学，是否按照一定的组织原则合理地组织起来？

④课程内容的范围是否包括幼儿发展的多个领域，是否包括全面、多样性的内容？

⑤课程内容的重点、难点是否清楚、突出？

⑥课程内容是否结合了本地区和本民族的特点？

（四）课程实施过程的评价标准

课程实施过程的评价标准包括：

①课程实施过程是否与课程目标和课程内容一致？

②课程实施过程是否注意创造与课程目标、内容相适应的环境，是否为幼儿提供了适宜的活动材料和玩具？

③课程实施过程是否以游戏活动为主？

④课程实施过程是否保教并重，活动内容是否符合幼儿实际，是否选择和运用生动、直观和形象的方法？

⑤课程实施过程是否注意因材施教，是否能随机处理偶发事件？

⑥课程实施过程是否充分发挥幼儿的主动性、积极性和创造性？

⑦课程实施过程是否保障幼儿充分的自由活动时间和户外活动时间？

⑧课程实施过程是否重视幼儿操作能力和实践能力的培养？

（五）课程效果的评价标准

课程效果的评价标准包括：

①课程实施过程结束后，预定的课程目标是否达到，达到了多少？

②课程实施过程结束后，幼儿得到了哪些发展？

③课程支出的费用如何，支出与成效是否匹配？

将以上的课程评价标准具体化，就是评价指标。

 拓展阅读

幼儿园保育教育质量评估指标（部分）

2022 年 2 月 11 日教育部关于印发《幼儿园保育教育质量评估指南》的通知，其中明确规定了幼儿园保育教育质量评估指标。

A2. 保育与安全	B4 卫生保健	膳食营养、卫生消毒、疾病预防、健康检查等工作制度和岗位职责健全，并认真抓好落实 科学制定带量食谱，确保幼儿膳食营养均衡，引导幼儿养成良好饮食习惯 教职工具有传染病防控常识，认真落实传染病报告制度，具备快速应对和防控处置能力 按资质要求配备专（兼）职卫生保健人员，认真做好幼儿膳食指导、晨午检和健康观察、疾病预防、幼儿生长发育监测等工作
	B5 生活照料	帮助幼儿建立合理生活常规，引导幼儿根据需要自主饮水、盥洗、如厕、增减衣物等，养成良好的生活卫生习惯 指导幼儿进行餐前准备、餐后清洁、图画书与玩具整理等自我服务，引导幼儿养成劳动习惯，增强环保意识、集体责任感 制订并实施与幼儿身体发展相适应的体格锻炼计划，保证每天户外活动时间不少于 2 小时，体育活动时间不少于 1 小时 重视有特殊需要的幼儿，尽可能创造条件让幼儿参与班级的各项活动，同时给予必要的照料。根据需要及时与家长沟通，帮助幼儿获得专业的康复指导与治疗
	B6 安全与防护	认真落实幼儿园各项安全管理制度和措施，每学期开学前分析研判潜在的安全风险，有针对性地完善安全管理措施 保教人员具有安全保护意识，做好环境、设施设备、玩具材料等方面的日常检查维护，及时消除安全隐患。发生意外时，优先保护幼儿的安全 幼儿园切实把安全教育融入幼儿一日生活，帮助幼儿学习判断环境、设施设备和玩具材料可能出现的安全风险，增强安全防范意识，提高自我保护能力

📚 考点聚焦

[考点梅理]

　　本单元知识在历年教师资格考试中内容较少，且多以单项选择题题型出现，需要应考者能区别课程评价的类型及采用正确的课程评价方法。

答案解析

[真题演练]

单项选择题

1.（2023 年下半年）幼儿园教师通过记录幼儿日常生活与活动中的表现来分析其心理特点。这种研究方法是（　　）。

A．观察法　　　　　　　　　　　　　B．谈话法

C. 测验法   D. 实验法

2.（2019 年下半年）在教学过程中，王老师随时观察和评价幼儿的行为表现，并以此为依据调整指导策略，该教师采用的评价方式是（   ）。

A. 诊断性评价   B. 标准化评价

C. 终结性评价   D. 形成性评价

3.（2015 年上半年）在实施档案袋评价之前，教师需要完成的工作不包括（   ）。

A. 避免幼儿的家人接触到这些资料

B. 为每一个幼儿准备一个放置照片、记录轶事和作品的文件夹、塑料箱或纸盒子

C. 准备好观察及记录的工具，如照相机、录音机、录像机等设备及其他量表

D. 在教室选定一个放置这些文件夹和作品的地方，应当方便于随时让幼儿和家人观看

4.（2020 年下半年）教育过程中，教师评价幼儿的适宜做法是（   ）。

A. 用统一的标准评价幼儿

B. 根据一次测评结果评价幼儿

C. 用标准化工具测评幼儿

D. 根据日常观察所获信息评价幼儿

思考与练习

一、简答题

幼儿园课程评价的方法有哪些？

二、实践案例分析

参考答案

材料：母亲节来临之际，教师组织孩子们画自己的妈妈，画得好的作品可以贴到教室门口的展示栏里。宝宝小朋友将妈妈画好后又在画面上画了许多杂乱无章的心形，破坏了作品的整体效果，当老师问他原因时，他说："这些爱心代表着我爱妈妈。""宝宝小朋友画这么多'心'，老师知道你非常喜欢妈妈（及时表扬他爱妈妈的情感，肯定他感恩的做人态度），对吗？""我妈妈可漂亮了！"宝宝自豪地说。"可是妈妈的'眼睛'被心形挡住了怎么办？"宝宝开始思索，回答不出来了。教师启发道："你看过儿子给妈妈端洗脚水的电视广告吗？儿子很爱妈妈，妈妈辛苦一天，他主动端水让妈妈洗洗脚。你也非常喜欢妈妈，能为妈妈做点什么呢？""我妈妈非常喜欢玫瑰花。""那你再画一些美丽的花送给妈妈，好吗？"

问题：结合材料，请回答材料中的幼儿教师对宝宝小朋友采取了哪些评价方法？幼儿教师对宝宝的评价反映了什么样的教育评价理念？

单 元 六

幼儿园课程的发展趋势

 学习目标

素质目标

✦ 具有科学的幼儿园课程发展观。

✦ 具有构建有中国特色的幼儿园课程的意识。

知识目标

✦ 了解国内外幼儿园课程的发展阶段，并了解其优点和不足。

✦ 了解国内外幼儿园课程的发展趋向。

能力目标

✦ 能够根据当代幼儿园课程的发展趋势，结合本土幼儿园课程的特点，开展具有本土特色的幼儿园课程活动。

 **单元导航**

幼儿园课程的发展趋势

- 西方幼儿园课程的发展
  - 17—18 世纪的西方幼儿园课程
  - 19 世纪的西方幼儿园课程
  - 20 世纪的西方幼儿园课程
- 国内幼儿园课程的发展
  - 20 世纪 20—30 年代幼稚园课程
  - 20 世纪 50 年代的幼儿园课程
  - 20 世纪 80 年代以后的幼儿园课程
- 当代幼儿园课程发展趋势
  - 课程多元化
  - 保育和教育相结合
  - 0—6 岁学龄前儿童教育课程一体化
  - 课程全纳化
  - 课程个性化
  - 课程科技化和信息化

情境导入

快放暑假了，孩子们得知升中班后活动室将从一楼搬到二楼，都非常兴奋，李老师便顺势组织孩子们一起讨论"搬家计划"。孩子们说了一大堆要搬过去的物品：毛绒大熊、水彩笔、积木、桌椅……老师引导孩子们想一想、试一试，以自己的能力能搬哪些东西。到了"搬家"那天，孩子们跑上跑下搬东西，特别带劲。男孩们一起抬着毛绒大熊往楼上走，女孩们则负责搬运水彩笔、蜡笔等，就连班里年龄最小的孩子也一手扶栏杆，一手拿东西。李老师觉得让孩子们参与"搬家行动"是个正确的决定。

在案例中，李老师根据班上孩子们的发展水平，结合具体的实际情况，让孩子亲身体验、实际操作，全身心地参与到"搬家行动"中，体现了幼儿园课程贴近生活，来源于生活的理念。那么，当代幼儿园课程发展的趋势是什么呢？

任务一　西方幼儿园课程的发展

微课：西方幼儿园课程的发展

课程是学校教育的基础与核心。古今中外，课程问题一直是教育界探讨争论激烈的问题之一，教育改革往往是围绕课程改革展开，这在学前教育领域也不例外。透过学前课程发展变革脉络，能够看到不同时代、不同立场的人对学前教育所持主张、所施加影响和所抱期望。可以说，学前教育课程是各种学前教育思想的集散地，也是各种教育方法的练习场，更是关系到每一名儿童的发展、关系到几代人生命质量、关系到国家前途和民族命运的宏大工程。

西方幼儿园课程的发展经历着起源—开始—发展三个阶段。

一　17—18 世纪的西方幼儿园课程

西方幼儿园课程思想的起源最早可以追溯到 17 世纪，在这个时期，有三个重要的代表人物。

（一）夸美纽斯

夸美纽斯（Johann Amos Comenius）（图 6-1）是 17 世纪捷克著名的爱国者、教育改革家和教育理论家。他的代表作有《大教学论》《母育学校》和《世界图解》等。夸美纽斯的《母育学校》阐述了儿童的价值，父母的责任，学前教育的意义、任务、内容、原则和方法，以及从学前教育到学校教育的过渡与衔接问题。书中还详细论述了孕妇应注意的事项，母亲亲自哺乳的必要性，学前儿童的饮食营养、生活习惯、运动、游戏和玩具等。这本不足 5 万字的小册子，其社会教育意义已远远超出其本身，堪称世界第一部学前教育学专著。

图 6-1　夸美纽斯

夸美纽斯还在《母育学校》中提出了自己的学前教育课程观点。关于课程内容，他认为幼儿出生后的前 6 年是为他们之后的学习打基础的时期。这一时期幼儿所接受的课程要以实物课程为主，应教他们认识石头、植物和动物；儿童自身肢体的名称和用途；辨识各种颜色；认识周围环境，如房间和农场等。夸美纽斯在《大教学论》中对幼儿园课程的组织方式与教学方法也进行了论述，他认为一切教学必须依循自然的秩序，必须依靠感官来向幼儿传授知识。夸美纽斯认为应根据幼儿的年龄特点来对其进行教育，勿超过其理解程度，教材的选择应由浅入深，注意知识之间的联系。

（二）卢梭

让-雅克·卢梭（Jean-Jacques Rousseau）（图 6-2）是 18 世纪法国伟大的思想家、哲学家和教育家。他主要的教育思想著作是《爱弥儿》。卢梭主张幼儿的教育应顺应自然，以幼儿为本位。他在《爱弥儿》中开宗明义地说："一切出于自然的创造皆好，一经人手却变坏了。"他认为"人性本善"，教育应顺应幼儿的内在欲望而行动，不必加以干涉。一旦受了社会人为的干涉，幼儿极易感到不自由、不平等甚至产生罪恶感。所以他极力主张，在幼儿的理解力尚未发达之前，要让幼儿远离社会，亲近自然，到自然环境中去看、去听，不接受人类的影响。换言之，教育要发展幼儿天生的禀赋，应使幼儿享受自然的生活，因为幼儿身心发展有自己固定的顺序和阶段，每个阶段都有独特的任务，最自然的教育就是最好的教育。

图 6-2　卢梭

卢梭的教育思想包含了崭新的幼儿观和教育观，他主张教育应遵循幼儿的自然本性，按照幼儿自然发展的程序分阶段进行。被誉为"儿童的发现者"的卢梭，他的幼儿观和教育观确立了西方学前教育课程的基本理论。

（三）裴斯泰洛齐

裴斯泰洛齐（Johann Heinrich Pestalozzi）是瑞士著名的教育家，他深受卢梭教育思想的影响，创造了人类教育史上国民教育的观念，影响了现代进步国家的教育理论和实践的发展。他对教育目的、教育内容和教学方法的论述，在今天看来仍然具有极大的价值。他对学前教育和课程的影响也非常大。裴斯泰洛齐重视知识的获得，但更重视能力的培养，即德育、智育和体育并重。他认为数、形和语言的教学是一切教学的基本要素，通过对数、形和语言的教学，以培养幼儿的脑、心和手。

以上三人的教育与课程思想，由于产生在幼儿园诞生之前，还只是在比较小的范围内发生影响。但是，它们对幼儿园诞生之后的学前教育课程思想的产生和发展发挥了巨大作用，后来的许多课程思想，都可以从这里找到源头。

二　19 世纪的西方幼儿园课程

1837 年，福禄贝尔（Friedrich Wilhelm Fröbel）在德国创办了世界上第一所被称为幼儿园的教育机构，它标志着学前教育由家庭教育开始转向公共社会机构教育。由此，世界学前教育课程的发展也进入了一个新阶段。这一时期的代表人物主要是英国的欧文（Robert Owen）和德国的福禄贝尔。

（一）欧文

欧文是英国 19 世纪空想社会主义的代表，1816 年欧文创办了英国第一所幼儿学校。欧文从性格形成学说出发，认为幼儿具有天赋的能力，并且有发展天赋能力的可能性，提倡对幼儿进行早期教育。他试图通过幼儿学校来形成一种能促进幼儿全面发展的新的教育体系，培养出智、德、体、美全面发展的新人。欧文重视早期教育及幼儿全面教育的思想在其创立的幼儿学校中得到运用。

欧文在创设幼儿学校的过程中遵循"要尽力使小朋友快乐"的原则，幼儿学校的幼儿每天在教室的时间约为 3 小时，其余的时间他们就在室外的大草坪上玩耍。在幼儿学校的幼儿主要学习唱歌、跳舞和体操，并参加一些户外活动。教师教育的主要方法是游戏和交谈，户外活动由年轻女工负责，她们引导幼儿们友好相处，并养成吃苦耐劳的品质。在学校的幼儿还要学习自然史，为了使教学更加生动，教师们尽量用实物、着色的地图和动植物图片教授幼儿学习日常知识和自然知识。

（二）福禄贝尔

福禄贝尔是德国著名的教育家，幼儿园的创始人，世界学前教育的先驱。福禄贝尔认识到幼儿教育的重要性和幼儿游戏的必要性。幼儿园的创建是他的教育思想及幼儿教育事业的外部反映。他根据自己对幼儿本质的理解，为幼儿开发了一系列玩具——恩物。他还搜集民间幼儿歌曲和游戏，选定各种作业，作为幼儿的课程和教材。

福禄贝尔认为幼儿具有活动、认识、艺术和宗教的本能。这四种本能是幼儿内在的生命力量，是教育的依据。因此，教育就是要促进幼儿的自我活动，以发展幼儿的创造性、艺术能力和崇尚神灵的品质。要完成这些任务，促进幼儿内在力量的和谐发展，教育就必须依据幼儿发展的阶段特点进行。

为了实现和完成上述教育目的和任务，福禄贝尔为幼儿设计了一套完整的课程，包括宗教教育、体育卫生、游戏活动、恩物、语言、手工、绘画和颜色辨别、唱歌和诵诗、自然科学常识九类内容。在课程实施过程中，福禄贝尔重视让幼儿在自由、自主的活动中得到发展，在游戏中得到发展，在操作恩物中得到发展。

三　20 世纪的西方幼儿园课程

从世界学前教育史的发展历程可见，19 世纪西方国家的幼儿园课程的理论与实践基本上在福禄贝尔教育学说的影响下推进，而 20 世纪则基本上可以说是由福禄贝尔与蒙台梭利平分秋色了。但从整个世界范围内的情况来看，实用主义的集大成者杜威的幼儿教育与课程思想，也对学前教育界有很大影响。

（一）蒙台梭利

蒙台梭利（Maria Montessori）（图 6-3）是意大利著名的教育家，也是世界上第一位杰出的女性学前教育家。通过创办"儿童之家"，蒙台梭利创建了自己独特的幼儿教育理论和方法，引起社会广泛而强烈的反响，促进了现代幼儿教育的发展。她对世界学前教育的巨大贡献不仅在于创立了蒙台梭利教育法，而且在于她以长期的宣传和实践推动了世界学前教育的发展。她的学前教育课程被后人称为"蒙台梭利方案"。

蒙台梭利认为教育者不应把儿童看作可以任意填充的容器，而应该热爱儿童，积极观察和研究儿童，发现儿童内心的秘密，尊重儿童的个性，在儿童自由和自发的活动中，帮助儿童智力、身体和个性自然发展。儿童的发展是

图 6-3　蒙台梭利

一个连续不断的过程，教育者应创设条件，保证和促进儿童发展。根据自己的教育理论和教育实践，蒙台梭利主要为儿童确立了下列教育课程内容：感觉教育（包括触觉、视觉、听觉、嗅

觉、味觉和立体感觉等感官的训练）、语言教育、纪律教育、计数教学——算术入门，除了上述内容以外，蒙台梭利还重视对儿童进行责任感和义务感方面的教育。

蒙台梭利认为，儿童的身心是在与环境的相互作用中得以发展的，因此她非常重视环境的创设，即为儿童提供一种有准备的环境。所谓有准备的环境，在她看来，就是一套经过组织及协调的材料和玩具，用来促进儿童的有效学习。这种环境是符合儿童身心发展特点的，是一个能为儿童提供所需活动、练习机会的环境。在这种环境中，有各种各样的玩具和材料，儿童能够自由自在地选择和玩耍，训练各种感官。她还强调在教育中，儿童是主题活动的主体和中心，他们全神贯注地进行活动，自我操作、自我发展，教师是儿童活动的观察者和指导者。

（二）杜威

杜威（John Dewey）是实用主义的代表人物，是 20 世纪美国著名的教育思想家。他的教育主张和课程思想对世界具有广泛的影响。他曾在 20 世纪 20 年代到我国讲学，宣传自己的教育学说，因此我国教育界深受其影响。杜威一生著述甚丰，仅在教育方面就有《我的教育信条》《学校与社会》《儿童与课程》《明日之学校》和《民主主义与教育》等。在这些教育著作中，杜威阐述了自己的教育哲学、教育主张，也旗帜鲜明地阐述了他的课程思想。

杜威对教育本质提出了自己独特的见解：教育即生活，教育即生长，教育即经验的不断改造。在教育中，杜威一方面重视个人的心理发展，另一方面重视社会因素的影响。因此，在课程的设计与教材的选择上，他认为必须充分顾及儿童的个人经验、需要、兴趣和能力，将个人因素与社会因素结合起来。教材应取自实际的生活，而不只是为未来做准备，否则容易使儿童的学习与生活脱节。课程必须适合儿童本身的特点和社会活动，必须注意社会的需要，并以改造社会生活为宗旨。

任务二　国内幼儿园课程的发展

微课：国内幼儿园课程的发展

1904 年，中国近代第一部幼儿教育法规《奏定蒙养院章程及家庭教育法章程》颁布，其中规定了蒙养院的保育教导要旨及条目，提出了蒙养院体、智、德、美等方面的课程目标、内容及教学方法。蒙养院的课程包括游戏、歌谣、谈话和手技。清末的蒙养院课程基本上是借鉴日本明治 32 年（1899 年）《幼稚园保育及设备规程》而制定的，尽管带有模仿与移植的倾向，却是我国教育制度史上最早的幼儿园课程。在近百年的历史中，我国幼儿园课程经历了以下三个阶段。

一　20 世纪 20—30 年代幼稚园课程

20 世纪 20—30 年代，幼稚园课程改革在理论上确认了儿童的主体性，认定了课程应来源于儿童的生活，课程应包括儿童在幼儿园的一切活动，提出了课程的编制应依据儿童的心理水平。我国幼稚园课程发展的动因是要改变当时大量借鉴的国外课程比较混乱，且不适合中国儿童的身心发展特点的局面；其目标是致力于幼稚园课程的中国化、科学化，编制适合我国幼儿健康发展的幼稚园课程。课程发展的主要指导理论是杜威的"教育即生长""教育即生活""学校即社会""从做中学"以及"教材教法应心理学化"等。课程发展主要以一些著名教育家（如陈鹤琴、陶行知等）为主体，包括国家教育行政机构的领导和支持，具有国家性质和个人性质，就此产生了 1932 年的《幼稚园课程标准》和"单元教学"这一课程组织模式。可以说，20 世纪 80 年代以后开始的中国幼儿园课程的发展，在很大程度上受到了此次幼稚园课程改革的影响。

 拓展阅读

陶行知（1891—1946），安徽省歙县人，教育家、思想家，伟大的民主主义战士，爱国者，中国人民救国会和中国民主同盟的主要领导人之一。他毕生致力于教育事业，对我国教育的现代化作出了开创性的贡献。他不仅创立了完整的教育理论体系，而且进行了大量教育实践。其主要教育思想：

①一个理论。指生活教育理论。

②三大原理。生活即教育、社会即学校、教学做合一。

③四种精神。首先，要有"爱满天下"的大爱精神；其次是"捧着一颗心来，不带半根草去"的奉献精神；再次是"敢探未发明的新理，敢入未开化的边疆"的创造精神；最后是"千教万教教人求真，千学万学学做真人"的求真精神。

④五大主张。行是知之始、在劳力上劳心、以教人者教己、即知即传、六大解放。

⑤社会即学校。他提出"社会即学校"的目的在于扩大教育的对象、学习的内容，让更多的人受教育。在学校里的学习内容太少了，应该把教育放到社会中去，使更多人能接受到教育，无论在校外校内，都有师生的角色，都可以学习，同时学习更加符合生活，符合中国实际情况。对于坏的环境也应该学会辨识，用好的环境改造不好的环境。学校不可以与社会脱离。

⑥生活即教育。陶行知认为："'生活即教育'，是叫教育从书本的到人生的，从狭隘的到广阔的，从字面的到手脑相长的，从耳目的到身心全顾的。"陶行知所说的生活是包含生活实

践的意义。有怎样的生活就有怎样的教育，生活决定教育，而教育可以改造生活。他所说的生活即教育是民主的、科学的、大众的、创造的教育。"生活即教育"是人类本来就有的，随着人类的生活而改变，在各种生活中学习、教育，并且应该是终身的教育、活的教育。

⑦教学做合一。陶行知认为教师的责任在于教学生学，而教师教的方法要根据学的方法来。不仅教师要教学同时也应该学习。也就是说教师教的与学生学的是联系的，相关联的。同样地，教师所教与自己所学的也要联系在一起。如果教师做好了，教育的关键所在也就解决了。他否认了王阳明所说的"知是行之始，行是知之成"的言论，并在其基础上认为应该是"行是知之始，知是行之成"。陶行知将自己的思想注入中国教育事业中，为中国现代教育作出了巨大的贡献。

陈鹤琴（1892—1982），浙江上虞人，中国著名儿童教育家、儿童心理学家。陈鹤琴教授一生从事幼儿教育研究与实践，创立了中国化的幼儿教育和幼儿师范教育体系，是中国现代幼儿教育的奠基人。作为中国幼教之父，陈鹤琴先生于1923年在南京开办了我国第一个幼儿园。并于1925年著《家庭教育》一书，其成为我国的家教经典。"活教育"思想是其教育思想体系的核心。他认为："要了解儿童心理、认识儿童才能谈到教育儿童。"其主要教育思想：

①陈鹤琴认为教育应是"活的教育"，活教育的目的就是在做人，做中国人，做现代中国人。

②陈鹤琴在对学前儿童心理和教育长期研究的基础上，提出了适合学前儿童发展的课程组织法，即"整个教学法"。

③幼儿园课程理论：课程的中心——环境，课程的结构——五指活动，课程的实施——单元教学、整个教学法、游戏式的教学。

④教育方法、教育原则：做中教、做中学、做中求进步。

⑤重视幼儿园与家庭的合作。

⑥树立正确的家规，每位家庭成员都需要遵守并且执行。

二　20世纪50年代的幼儿园课程

1951年10月，中央人民政府政务院颁布了《关于改革学制的决定》（以下简称《学制》），产生了新中国的第一个学制。《学制》将幼儿教育列为第一部分，并规定实施幼儿教育的机构为幼儿园，招收3—7足岁的幼儿，幼稚园课程也改为幼儿园课程。由此我国幼儿园课程的发展到达了第二阶段。这次课程发展的目的是建设社会主义的幼儿园新教育，培养社会主义的新儿童；指导理论是苏联的幼教理论，课程改革的方式是国家意志，具有强制性。中华人民共和国教育部向全国颁布了《幼儿园暂行规程（草案）》和《幼儿园暂行教学纲要（草案）》，指出了幼儿园的首要任务是保证幼儿的健康和幼儿身心的正常发育，规定了幼儿园的课程包括体育、语言、认识环境、图画、手工、音乐和计算七科，建立了分科课程模式，强调教育在儿童发展中的主导作用和系统知识对儿童智力发展的影响，否定了"单元教学法"，把"教学"引入幼教领域，主张对儿童实施全面发展教育，重视集体教育。

三 20 世纪 80 年代以后的幼儿园课程

20 世纪 80 代初，国外大量教育思想和课程理论被引入。通过学习比较，幼教工作者开阔了眼界，活跃了思想，他们深刻感受到，继续使用 20 世纪 50 年代由苏联引入的单一的分科教学模式，已经远远不能适应实际的需要了。

由此，我国的幼儿园课程发展进入了第三个阶段。在这一阶段，幼儿园课程改革的最初目的是要恢复受"文化大革命"影响的幼儿园教育，进行教育的全面整顿，继而演变为改革教育实践中阻碍幼儿发展的教育弊端；课程改革的指导理论转变为一些新的教育思想和观念，主要有"整体教育观""主体发展观"和"活动观"；课程改革的方式是国家统一要求，从局部内容的调整走向整体变革，范围不断扩大，程度逐渐加强；课程改革的主要成果是中华人民共和国教育委员会 1989 年和 1996 年分别颁布的《幼儿园工作规程》和《幼儿园工作规程（试行）》。由此，幼儿园课程多样化的局面初步形成，特别是产生了"教育活动"和"领域"这两种重要的课程组织形式——"教育活动"不同于"上课"，"领域"不同于"科目"，它们强调课程的整体性和综合性。

 拓展阅读

幼儿园整合课程类型

①领域的整合。领域课程是指将两个学科（领域）或者是两个以上学科（领域）进行整合，甚至包括全部学科（领域）的整合。领域整合课程是目前幼儿园中使用较为广泛的整合课程。尽管它在形式上仍以学科或较大的学科为中心来组织课程内容，但学科知识的分类并不太严格，而是把相关知识囊括在一个相对较大的"领域"内。

②主题的整合。主题课程是在一段时间内围绕一个中心内容即主题来组织的教育教学活动。主题来源的方式是多元的，既可以来自幼儿生活，也可以是教师的预设，同时还可以是在教师与幼儿的互动过程中生成的，而单元主题课程的主题大多是事先设计好的。陈鹤琴的"五指活动课程"和南京师范大学出版社出版的《幼儿园活动整合课程》中提到的课程都属于这类课程。

③项目活动整合。"项目活动"主要是指教师与幼儿在生活中围绕大家感兴趣的一个课题共同谈论，在师幼合作研究中发现知识、理解意义、建构知识的一种整合课程模式。它强调幼儿的兴趣与经验，主张以完整的学习促进幼儿的整体发展。它与单元主题课程的区别是，主题整合的课程大多是事先设计好的，而项目活动的主题则更强调在师幼互动中根据幼儿的反应对主题及时作出调整、修订，强调课程的弹性计划，表现为一种生成课程。

微课：当代幼儿园课程发展趋势

任务三　当代幼儿园课程发展趋势

幼儿园课程发展的历史为人们提供了一面镜子，让人们更清楚地认识到以前做了什么，今后还需要再做些什么。未来与过去是一脉相通的，不能割断这种历史的联系。当代幼儿园课程的发展是在经济、政治、文化等领域变革的大背景中进行的，因此幼儿园课程的建构和发展要综合考虑社会文化、知识性质和儿童发展三个方面的要素。20世纪80年代开始的课程与教学改革方兴未艾，进入21世纪，时代对于未来人才的要求，是当代学前教育面临的不可避免的挑战，在新的历史时期，我国幼儿园课程改革与发展的步伐还将继续下去，在这种条件下，幼儿园课程发展将主要呈现以下几种趋势。

 想一想

是什么影响着幼儿园教育的发展？

　一　课程多元化

科学技术的发展、社会关系的变化以及人口的流动等因素使社会向多元化方向发展，这种发展趋向不仅反映在社会人际关系、生活方式、政治运作、经济运行和文化意识形态等方面，也必然会反映在儿童教育方面。幼儿园课程多元化是幼儿园教育优质化的一个重要前提，因此向多元文化方向发展是当代幼儿园课程发展的一个趋势。

当今，文化价值、信仰和目的对儿童发展的影响作用已经被确认，人们认识到儿童能够从成人身上学到很多，这不只是直接教学和其他计划好的学习机会所产生的结果，也可以是儿童通过日常生活等途径而习得的。换言之，儿童所受保育的方式以及儿童在幼儿园环境中所受到的成人和其他儿童的影响，就如同他们正式上课一样，明显地影响着他们的发展过程。儿童所获得的经验和建立的关系，是受到与社会文化背景紧密相连的一整套价值观念和信仰的影响的。

二 保育和教育相结合

幼儿时期是个体成长的关键时期。年龄越小，儿童在生理上对于成人的依赖性就越大，随着年龄的增长，这种依赖逐渐转变为生理与心理发展共同的需求，可见保育对儿童的成长十分必要，教育对儿童的发展则更加重要。对于身心还不够成熟的幼儿而言，幼儿园教育应当具有保育与教育的双重功能，课程既有教育功能，又有保育功能，两者融为一体，这是当代学前教育课程发展的一个趋势。

幼儿园的教育目标是对幼儿实施德、智、体、美等方面全面发展的教育，促进其身心和谐发展。因此幼儿园的保教工作需要保教人员的悉心努力，渗透在日常教养工作的每一个环节和细节中。随着人类对自身研究的不断深入，特别是对幼儿身心发展研究的日益加深，保育和教育相整合显得更为重要，其内涵也更加广泛。"保"和"教"是教育整体的不同方面，同时对幼儿产生影响。幼儿园的日常生活是琐碎的、繁杂的，它包括来园、盥洗、进餐、睡觉、如厕等环节。这些环节都需要我们将保育和教育互相渗透、互相融合，这样才能帮助幼儿养成良好的生活习惯和学习习惯。

幼教案例

俊俊是个爱哭的小男孩。排队没站到第一要哭，输了游戏要哭，抢了别人玩具要哭，优秀之星没评上要哭，没请他回答问题要哭……只要不如他意，他都要哭，不但要哭，还要扔东西，推桌子，扔椅子，扔鞋子，打这个，推那个……哭声，就是他的命令，不达目的不罢休。那天早操活动的时候，小朋友们正在拿器械准备做操，突然，听见一阵号啕大哭，寻声走过去，又是俊俊在哭。为什么要哭呢？刘老师仔细询问才知道，原来是俊俊自己调皮把做操的垫子扔到雨棚上去了。

等他冷静下来后，刘老师故意为难地说："你把垫子扔那么高，哪个有本事拿得下来呢？"俊俊继续哭，"除非这儿有个大个子，可能才有那本事。"刘老师斜眼看了看他，俊俊停止哭泣，眼珠子一转，指着一角的玩具说："你看那边有棍子，我们可以用那个棍子把垫子弄下来。"刘老师说："那是标志杆，你去试试？"俊俊边擦眼泪边走过去拿了一根标志杆，走到雨棚下面，"老师，我没有雨棚高，弄不下来。"俊俊回头看着刘老师说。"那怎么办呢？"刘老师问道。俊俊的小眼睛骨碌碌地转着，指着旁边的玩具说："老师，我可以站到玩具凳子上试试。""嗯，这个办法不错，去试试吧！"刘老师上前几步，站在合适的位置，用眼神鼓励他。俊俊放下标志杆，跑过去抱着玩具凳子，走到雨棚下面，略显吃力地站到凳子上，对刘老师说："把杆给我。""你叫谁？""老师，把杆给我。"刘老师递上标志杆，说："行不行呢？"俊俊试了好几回，有些灰心地说："不行。""那怎么办呢？你不行，可能就没人行了。"俊俊又快速地跑到玩具堆里继续找，指着一个底部是圆形的玩具说："老师，这个可以吗？"刘老师反问道："俊俊觉得行不行呢？"他立马摇摇头说："不行，它底部是圆的站不稳。""那你再想想其他办法吧！"刘老师说。不久，他就找到一个更高的拱形凳子，吃力地把拱形凳子推过来，小心翼翼地站上去，刘老师连忙把标志杆递给他，一点一点地，俊俊就这样把垫子弄下来了。看着他脸上洋溢着成功的喜悦，刘老师马上对他说："辛苦吧？要是每个小朋友都像你这样乱扔的话，老师要费多大力气才能收拾好这些玩具呢？"俊俊一边抹汗水一边说："老师，我不扔了！"

从这个案例中可以看出，在教育教学活动中，教师要树立保教并重的思想，把保育和教育有机地结合起来，使幼儿在健康成长的同时增长知识和技能；在发展智力的同时形成良好的品德和行为习惯，使身心得到全面发展。

三 0—6岁学龄前儿童教育课程一体化

0—6岁是儿童未来学习和社会生活准备的起点，是儿童身心健康发展的重要时期。随着社会和科学的发展，人们越来越清楚地认识到，让每个儿童都接受良好的早期教育是全社会共同的责任。幼儿园课程历来被认为是为3—6岁在幼儿园接受教育的儿童设计的课程，近些年来，幼儿园课程开始向下延伸，为3岁以下的儿童和家长服务，0—6岁儿童的教育开始出现一体化的趋向。

出现0—6岁学龄前儿童教育课程一体化的发展趋势的主要原因包括：①脑科学研究的新进展，让人们认识到0—3岁是人一生发展最为迅速和关键的时期，是开发人的潜能的最佳时期。②世界上不少国家都有协调主管0—6岁儿童的保育和教育的各种机构，使0—6岁儿童的保育和教育能得到统一管理。③由于出生率的下降、幼儿教育服务功能的扩大等因素，一些幼儿园开始招收3岁以下的儿童，并以亲子学苑、家长学校等形式服务于幼儿及其家庭。0—6岁学龄前儿童教育课程一体化，使原本以养育为主的0—3岁儿童教育模式转化为保育和教育相整合的教育模式，也使0—3岁和3—6岁这两个年龄段之间产生了自然的衔接。

四　课程全纳化

课程的全纳化，即课程服务于所有的儿童，包括一般儿童和有特殊需要的儿童，这是当代幼儿园课程的又一个发展趋势，也是把"立德树人"作为教育的根本任务的一种综合教育观念。

全纳性幼儿园课程综合了哲学和实践，其要旨为：所有的儿童都是有价值的；所有的儿童都有权利，并能从高质量的和适合年龄发展的学前教育中获益；通过范例和相互作用，会发生有意义的学习；在集体中，教师和家长之间的合作关系是有益于幼儿园课程的重要因素；等等。全纳课程的目标是创造出一个所有儿童和成人都能够学习并体会自己价值的全纳社会，使所有儿童确信自己会获得成功。

五　课程个性化

一般而言，个性更强的幼儿，会更富有创新精神和创造力，也更能够在未来适应复杂多变的社会，而个性化的幼儿需要个性化的课程进行培养，因此，课程的个性化也是当代幼儿园课程发展的一个趋势。

课程的个性化发展趋势并非仅体现在"因材施教"层面，事实上，当前很多幼儿园课程开始越来越多地关注幼儿所处的社会文化对幼儿的影响作用，强调课程对幼儿与成人共同构建文化的作用。课程个性化的关键在于教师设计和把握课程的能力，这就是说，教师要有先进的、能适应社会文化背景的教育理念，能根据教育对象和教育情景的特点，为每个个体幼儿设计和实施能适应个别需要的教育方案，并能运用集体的力量，帮助每个幼儿成为更有个性特点的个体。

六　课程科技化和信息化

直到 20 世纪 90 年代早期，对于学前儿童运用高科技还有诸多异议，许多争议都是由于对理论的误解和对计算机用途的无知所引起的。有的学者甚至认为计算机会过度催熟幼儿，会剥夺幼儿有意义的社会交往活动，会迫使幼儿进行结构化的学习以及会替代绘画、阅读等幼儿传统的活动等。也许对计算机运用的最大阻力来自对皮亚杰理论的错误理解，有些学者认为，对于年龄低于 7 岁的幼儿，认知的发展只能通过用手操作材料的途径，而不可运用计算机一类的工具。

但是，后来的研究都从各个侧面证明了学前儿童运用计算机是有益的。特别是克力门茨（D. H. Clements）等人认为："对于儿童而言，所谓'具体'，就是给以儿童富有意义的和可操作的事情去做，而不只是某事物具有些什么物理特征。"从此，计算机对于学前儿童是否适合的问题变成了如何才能使计算机更好地促进学前儿童的获得学习经验的问题。

未来的计算机会越来越小，功能会越来越多，价格会越来越便宜，在学前教育机构会越来越多地被运用。随着计算机软件的进一步开发，计算机将进一步与课程融合。计算机的学习并不在于让幼儿懂得如何操作机器，而在于让幼儿将计算机当作具有强大功能的工具，去学习如何学习。在计算机软件的开发方面，专家们提出软件应充分体现学前儿童的发展特征，即"无标准答案的，儿童能够自己控制的，具有公正性的和可用多元文化作表征的"。

 拓展阅读

幼儿生活是幼儿园课程的基础和来源

幼儿在幼儿园的一日生活就是他学习的过程，这个过程影响到幼儿的发展。《3—6岁儿童学习与发展指南》指出："幼儿的学习是以直接经验为基础，在游戏和日常生活中进行的。要珍视游戏和生活的独特价值，创设丰富的教育环境，合理安排一日生活，最大限度地支持和满足幼儿通过直接感知、实际操作和亲身体验获取经验的需要，严禁'拔苗助长'式的超前教育和强化训练。"

生活是综合性的活动，是没有边界的，是整体的，在生活中学习就是综合的学习，就是整体的学习。生活是课程的基础、来源、出发点，生活也是课程的进程。幼儿园一日生活中的每一个环节都有特别的意义，对孩子的发展都是有贡献的。

教师的生活态度、生活意识、生活能力直接影响教育的质量，家庭、幼儿园和社区生活的相容与和谐有利于幼儿的成长和发展。教师不仅要深入地分析和把握幼儿园的生活，还要关注孩子的家庭生活，关注社区生活、社区资源。幼儿园不仅要有适合幼儿阅读的书，还要有多种多样的资源。这些资源完全靠买是不现实的，可以适当购置一些积木等幼儿玩具，但更要充分利用生活中安全、多样的材料。

考点聚焦

[考点梳理]

本单元知识在历年幼儿园教师资格考试中较少涉及，建议应考者掌握国外幼儿园课程三个发展阶段的主要代表人物。

答案解析

[模拟演练]

1. 以下哪位教育家不是幼儿课程起源的代表人物（　　）。

A. 卢梭　　　　　　　　　　　B. 裴斯泰洛齐

C. 欧文　　　　　　　　　　　D. 夸美纽斯

2. 以下哪位教育家提出"生活即教育，社会即学校，教学做合一"（　　）。

A. 杜威　　　　　　　　　　　B. 陈鹤琴

C. 陶行知　　　　　　　　　　D. 张雪门

思考与练习

1. 试分析陈鹤琴教育思想的现实意义。

2. 我国幼儿园课程发展的趋势是什么？

3. 请制作西方学前教育课程发展与我国幼儿园课程发展比较卡片。

参考答案

单 元 七

当代幼儿园课程案例

 学习目标

素质目标

↟ 乐于运用所学知识反思自身，逐渐形成完整的教育信念和幼儿教育方法。

↟ 树立对待中外经典幼儿园课程案例的正确态度。

知识目标

↟ 了解蒙台梭利课程、高瞻课程、瑞吉欧课程、华德福课程、陈鹤琴五指活动课程、张雪门的行为课程、安吉游戏课程这七种典型幼儿园课程案例的理论基础和课程特色。

↟ 了解当代不同幼儿园课程模式的完整体系。

能力目标

↟ 能够领会不同课程案例的精髓，思考其对我国学前教育课程改革的启示。

↟ 能够继承优秀的幼儿园课程思想，将其运用于教学实践。

 单元导航

情境导入

《西游记》是中国的四大名著之一，书中描绘了超乎想象的奇异历险经历，使得整部作品都充斥着奇幻色彩，也为幼儿开阔视野提供了丰富的资源。在某幼儿园的主题"大话西游"中，幼儿在与《西游记》相处了一段时间后，进行了"西游知多少"的大讨论，初步了解了《西游记》故事情节和人物特征，能用图画、符号简单地进行讲解和表征。为了让孩子们更加深入感受古典文学的魅力，能用自己的方式体验经典故事的文化内涵和丰富的历史积淀，教师于是引导幼儿对西游记进行了深入探究，生成了"我也要'西游'"研究线索，通过系列活动的展开，最终上演了一场精彩的西行游记！

在案例中，教师以幼儿真实感受和体验为出发点。在实施过程中，强调幼儿的探究性、体验式学习，并将品格教育渗透幼儿心中。该幼儿园的课程内容是教师通过实践探索来组织的，而非照搬专家预先规划设定的课程或其他幼儿园现有的课程体系。但对于多数教师来说，如何制定有本园特色的课程目标、内容实施方法与评价手段，仍然困扰他们。因此，深入学习先进的理念、优秀的课程模式，对于幼教工作者是必要的。本章将通过对国内外典型幼儿园课程案例的介绍，帮助幼儿教师深刻理解其精髓，吸收适合自己课程的理念，进一步地学习与思考，从而为自己幼儿园的课程建设提供借鉴。

微课：蒙台梭利课程

任务一　蒙台梭利课程

一　课程设计背景

蒙台梭利教育发端于意大利幼儿教育家蒙台梭利对于特殊儿童群体的关注，大学毕业后，蒙台梭利担任罗马大学附属精神病诊所的助理医生，从事身心缺陷和精神病患儿的治疗工作。由于特殊的工作性质，她每天都要接触很多不幸的儿童，这使得蒙台梭利对于自己的工作有了更加深入的认识。如何才能在工作中更多地帮助他们走出痛苦？这激发了她对于儿童神经和心理疾病研究的特别兴趣，也因此，她决心用自己的知识去帮助那些不幸的儿童。她提出"儿童智力缺陷主要是教育问题，而不是医学问题，教育训练比医疗更为有效"。她呼吁，低能儿应当与正常儿童一样，有同样的受教育的权利。

受心理学家伊塔（Jean Itard）和塞根（Edward Seguln）的教育思想的影响，蒙台梭利认识到心理缺陷和精神病患儿通过运动和感觉训练等活动，可以使他们的身体动作协调，并促进其智力发展。根据前人的经验和"特殊"儿童的实际情况，蒙台梭利设计了一整套针对智力不健全儿童的教育与观察的方法，为了更好地辅助教育过程，蒙台梭利为这些特殊儿童制作了教材和教具，并亲自施教。在不断的研究过程中，蒙台梭利认为既然心智不健全的儿童都可以通过训练达到很高的水平，那么要是将这一方法运用到正常的儿童的教育中，将会取得更为显著的成就。

为了将自己的儿童教育思想付诸实践并检验其效果，蒙台梭利于1907年在罗马贫民区创办"儿童之家"，招收3—6岁的儿童实施教育，她运用自己多年研究和观察后所独创的方法对这些儿童进行教学。结果，那些"普通的、贫寒的"儿童的心智发生了巨大的转变，甚至在某些方面都超越了其他受过良好教育的儿童。这使得蒙台梭利这一开创性的、其他教育方法和模式所无法比拟的教学方法在全欧洲范围内获得了极大的认可。

作为世界著名的幼儿教育家，蒙台梭利一生致力于对儿童的观察与研究，致力于探索科学的儿童教育法，并且继承与发扬了卢梭、裴斯泰洛齐等人的教育思想，创造出一套闻名遐迩的教学用具，建立了一种影响极其深远的幼教理论体系。在世界幼儿教育史上，蒙台梭利是一个里程碑式的人物，对世界范围内的幼儿教育具有巨大影响，在学术界也备受赞誉。一百多年前，蒙台梭利教育在意大利诞生，随后在全世界范围内广泛地传播与实践，在不断发展的历程中，蒙台梭利教育思想也与不同国家本土的幼儿教育思想相互作用、碰撞，在不断地沿革之中得到认同。

二 课程理论基础与理念

蒙台梭利深受卢梭、裴斯泰洛齐、福禄贝尔等人的自然教育和自由教育观点的影响，结合自己多年的观察与研究，提出了对儿童发展的独特看法。

1. 儿童具有"吸收性心智"

蒙台梭利在其著作《童年的秘密》中指出："存在一种神秘的力量，它给新生儿孤弱的躯体一种活力，使他能够生长，教他说话，进而使他完善……。""生长，是由于内在的生命潜力的发展，使生命力量呈现出来。他的生命力就是按照遗传确定的规律发展起来的。"她认为，正是这种内在的冲动力，促使儿童不断地发展。蒙台梭利认为儿童与大人虽然都是人类，却有着完全不同的心灵，所以她在其另一本著作《有吸收力的心智》中指出，这种内在冲动力表现为儿童在6岁之前就具有一种吸收知识的自然能力，即所谓的"吸收性心智"。借助于这种"吸收性心智"，儿童通过与周围环境的密切接触和情感联系，在自发的活动中，获得了各种行为方式，生命力和个性也得到了进一步的发展。所以，教师要为儿童创建一个"有准备的环境"，这种环境要能够激发儿童的兴趣，让儿童自发地进行学习与吸收，促进其身心健康发展。

2. 儿童的发展具有"敏感期"

蒙台梭利认为，生命力不仅通过自发活动呈现和发展，而且还表现出生长的敏感期。所谓敏感，蒙台梭利认为是生物在发展时期所具有的一种特殊能力，是一种积极的活动力量，但敏感期是短暂的，仅限于获得某种确定的特性。一旦这些特性得到发展，相应的敏感性也就消失了。所以蒙台梭利根据长期的观察和研究，指出了儿童的几个发展的敏感期：语言敏感期（0—6岁）、秩序敏感期（2—4岁）、感官敏感期（0—6岁）、对细微事物感兴趣的敏感期（1.5—4岁）、动作敏感期（0—6岁）、社会规范敏感期（2.5—6岁）、书写敏感期（3.5—4.5岁）、阅读敏感期（4.5—5.5岁）、文化敏感期（6—9岁）。蒙台梭利认为，儿童的发展有不同的敏感期，所以教育必须与敏感期相符合，从而促进儿童心理的正常发展，并避免由于延误时机而带来的儿童心理发展的障碍。

3. 儿童发展是通过"工作"实现的

蒙台梭利认为，儿童发展不是老师教出来的，而是在与环境的相互作用中，通过自己自发性的活动，即"工作"完成的。她在《教育中的自发活动》一书中指出，儿童由于内在生命力的驱使和心理的需要产生了一种自发性活动，这种自发性活动通过与环境的交互作用使儿童获得有关经验，从而促进儿童心理的发展。蒙台梭利认为，儿童最主要的活动不是游戏。这主要是因为蒙台梭利认为游戏，特别是假想游戏会把儿童引向不切实际的幻想，她认为游戏不可能培养儿童严肃、认真、求实、负有责任感和严格遵守纪律的精神与行为习惯，只有"工作"才是儿童最主要和最喜爱的活动，也只有"工作"才能促进儿童的全面发展。

蒙台梭利所说的"工作"和成人的工作是不一样的。儿童的"工作"具有以下特征：

①遵循自然法则，服从内在的引导本能。

②无外在目标，以"建构为人"（或称自我实现、自我完美）为内在目标。

③它是一种创造性、活动性与建构性的工作。

④须独立完成，无人可替代或帮助完成。

⑤以环境为媒介来改进自己，形成与塑造自己的人格。

⑥按照自己的方式和速度进行，为满足自己的内在需求而重复进行。

4. 在纪律的规定之下，教育要以"自由"为基础

在纪律的规定之下，自由并不是被动的，真正的纪律是一种促进儿童自由发展的积极状态，它建立在"自由"的基础之上。真正的自由是要彻底解放儿童的内在潜能，将儿童的身心解放出来，尊重儿童作为接受教育的主体。在这种观点下，蒙台梭利强调儿童应有权利选择自己要做什么和决定自己的"工作"要做到什么程度。但这种自由不能随心所欲，而是有限制的自由。蒙台梭利认为做你想做的事并不表示你就得到自由了，真正的自由，必须以具有思考与推理能力为基础，因为每一选择，都必须先有心智上的判断。比如，除非儿童已经知道如

何使用某种教具，否则就不应该自己选择该教具。蒙台梭利还认为自由与纪律是一体的两面，通过教师向儿童展示迈向纪律的途径，之后经过长时间的培养，儿童内心会渐渐遵守纪律。到了那时候，儿童便能自己选择想做的事，并会自发性地集中注意力去做。所以，蒙台梭利认为，儿童并未被允许去做"任何他喜欢的事"，他只能自由地选择有益的与有用的"工作"。从这个角度来看，蒙台梭利所主张的自由，是要在儿童先有了知识和纪律之后才能拥有。

三　课程目标

蒙台梭利教育致力于每一个儿童的发展，而每一个个体最终都以服务社会以及为社会作出有用的贡献为目的。因此，可以说蒙台梭利课程目标可归结为两个方面。

1. 帮助儿童形成健全人格——创造新人类

蒙台梭利认为儿童均具备自我成长、发展并形成健全人格的可能，儿童发展的状况如何要依据他们所处的环境。但是为了使儿童得到良好的发展，教育者头脑中必须先有一个理想的儿童形象作为教育的目标，也就是说，蒙台梭利把教育者头脑中应该具有的关于儿童发展的理想形象——具有健全人格的儿童作为教育应该追求的目标。

2. 建设理想的和平社会——创建新社会

经历了两次世界大战的蒙台梭利对建设理想的和平社会充满了期望，并把建设理想的和平社会作为教育追求的终极目标。在蒙台梭利看来，所谓和平绝不意味着仅仅依靠武力和政治来防止战争和解决战争纠纷，它是指通过教育创造新人类，并通过新人类创建新社会——理想的和平社会。从这个意义上说，创建新社会是蒙台梭利所追求的教育终极目标。蒙台梭利强调这两个方面既相互独立又相互联系。她把前者称为新人类的创造，把后者称为新社会的创建。新人类的创造与新社会的创建是相互依存、相辅相成的，前者是直接目标，后者是最终目标。教育就是对这二者的长期的、连续不断的追求，教育的目标就是创造新人类和创建新社会二者的完美结合。

幼教案例

早晨自选活动时段，4 岁的成成在摆弄圆柱体阶梯教具（5 种颜色的圆柱体分别由高到矮、每种颜色 5 个）。她首先尝试着把最高的放在中间，两边分别插上矮的，看了看，想了想，仿佛又觉得哪里不对，于是把同样颜色的圆柱体分别排成排。这时她开始一边比划一边自言自语，专注的神情俨然一个"沉思的法官"。随后她好像恍然大悟，开始调整同一颜色每组圆柱体的位置，按照高矮顺序排列。但各种颜色之间相同高度大小的圆柱体仍未能一一对应起来，红色和黄色的圆柱体是由远及近从高到低，橙色、蓝色和绿色的圆柱体是由近及远从高到低，看起来似乎有些不协调。成成绕着小桌子仔细观察了一会儿，又双手托腮开始思考。这时候李老师走过来并没有直接"帮忙"，而是在一旁观察她是否需要帮助。李老师发现成成在思考片刻后又开始了手上的动作，她先将最高的排一排，再依颜色找出第二高的、第三高的、第四高的和最矮的，成成完成后开心地笑了笑，又开始了新的"创作"……

李老师的耐心，让成成的自我成就感得到了满足。在蒙式的课堂上便是这样，教师不会越俎代庖地"帮忙"，而是让幼儿按照自己的节奏进行思考和发现。在幼儿自己认真"工作"时，安静地等待着、观察着幼儿是否需要帮助，不轻易打断幼儿自我探索和发现的过程。教师和幼儿之间语言的沟通也很少，当需要说话时，教师和孩子的声音都很轻很细，好像生怕打扰到旁边的人。这是对于幼儿成长步调的尊重，也是在培养幼儿的耐心、自律和责任意识，更是在培养幼儿高雅的品格和内在的素养，如此培养出来的孩子应该是讲文明、有担当的社会人。

四 课程内容

为达到上述目的，蒙台梭利教育内容以感觉教育为核心，根据儿童发展敏感期的特点，形成了一整套系统化的教育内容，具体包括日常生活练习、感觉教育、语言教育、数学教育和文化科学教育以及其他内容。

1. 日常生活练习

蒙台梭利把日常生活练习作为她教育内容的重要组成部分。日常生活练习旨在培养儿童的独立自主能力和实际生活的技能，并促进儿童注意力、理解力、协调力、意志力的发展以及良好生活习惯的养成。与儿童自身有关的日常生活练习主要是儿童的自我服务，包括穿脱衣服、刷牙、洗脸、洗手、梳头、洗手帕等；与环境有关的日常生活练习主要是做家务工作，包括扫地、拖地板、擦桌椅、摆餐桌、端盘子、开关门窗、整理房间等（表7-1）。

表7-1　日常生活练习具体内容

基本动作	走路、站、坐、搬、折、倒、缝、切等
社交行为	包括不增添别人的困扰，能站在他人立场思考等行为，如打招呼、致谢、道歉、物品的收受、用餐的礼仪、应对的方法等。
关心环境的行为	指对人类以外的其他生物和无生物的关心，如美化环境、照顾与饲养动植物等。
自我服务的行为	盥洗，穿、脱衣服，穿、脱鞋，剪指甲等。

2. 感觉教育

蒙台梭利认为感觉教育是智力发展的基础，因此，感觉教育是她的教育内容中最重要，也是最有特色的部分。感觉教育的直接目的是使儿童感官变得敏锐，间接目的在于培养儿童的观察、判断、区别、比较、归类等能力。蒙台梭利将感觉教育内容主要分为视觉、听觉、触觉、味觉和嗅觉练习五大类。视觉练习在于帮助幼儿鉴别大小、高低、粗细、长短、形状、颜色及不同的几何形体；听觉练习包括辨别音高、音响和音色的训练；触觉练习具体包括辨别物体的光滑程度、冷热程度、轻重程度，以及辨别物体大小、长短、厚薄等内容；嗅觉和味觉训练则主要是为了帮助幼儿提高嗅觉和味觉的灵敏度。

这些感觉教育可以分别通过对应的教具来完成。蒙台梭利精心设计出很多教具，她明确指出这些教具是让儿童练习的，而不是教育他们的。

 拓展阅读

感觉训练的步骤与"三段式"练习法

感觉训练要有具体的步骤和程序。蒙台梭利认为受内在生命力的推动，儿童无意识地从外在环境中吸收了许多资讯；又由于儿童有追求秩序感的内在动力和敏感期，因此儿童会将其吸收来的资讯予以建构，使之成为有秩序的知识。教育的目的就是要协助儿童完成其内在生命力的追求。蒙台梭利认为提供有秩序性的教具就是在协助儿童顺利地发展其对秩序感的要求，并建立有秩序的知识。因此，蒙台梭利教具的呈现具有以下程序：

首先是配对，让儿童认清物体的相同属性（配对或将镶嵌物嵌入适当的地方）；

其次是排序，将同一种类的东西依某种特质（如由大到小或反之）排序；

最后是分类，识别相差较小的物体的属性，将各种东西分成若干类别（如相同颜色，但深浅不同）。

蒙台梭利认为，不论训练何种感觉，都要按照"三段式"练习法进行。

第一，命名。建立感知觉与其名称的联系。如向儿童出示红色物体，同时告诉他"这是红色"，再出示绿色物体，说"这是绿色"，然后将其放在儿童面前让他们感知。

第二，确认。按老师说出的名称拿出相应的物体，如老师对儿童说，"给我蓝色的积木""给我黄色的积木"，儿童按要求分别拿出相应物体。

第三，记忆。自己说出物体的名称，如教师指着物体问："这是什么？"要求儿童回答。

3. 语言教育

蒙台梭利课堂对儿童语言能力培养贯穿整个环境：社区的社会环境，以及儿童间的自由交流；具体课堂上教师使用的确切术语；全组集中时分享的歌曲和交谈；存放在图书角可供挑选的优质图书；以及为提升语言和读写能力而开发的独特教育材料。

蒙台梭利课堂提供了丰富的语境来提高儿童口语能力，为儿童最终掌握书面语技能铺垫基础。除此之外，蒙台梭利教育还认为，阅读与书写两者密不可分，但是书写（编码）一般优先于阅读（解码）。儿童要先学会书写，因此蒙台梭利教具提供了"金属嵌板"（图7-1）来实现儿童必须首先掌握书写的技能。"金属嵌板"即各种各样的金属几何样板，可用来做大量不同的描摹和绘画活动，适用于发展广泛的用铅笔书写的技能。

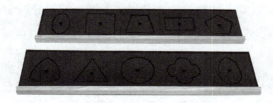

图7-1　蒙氏"金属嵌板"

语言教育的内容

蒙台梭利的语言教育的具体内容包括听说教育、读的教育和写的教育3个部分：

听说教育。蒙台梭利认为儿童学习口头语言是靠着其本身的吸收性心智而从环境中吸收的，因为儿童具备积极主动吸收外界信息刺激的能力，语言学习也是如此。成人和教师的任务是为儿童提供有准备的语言环境，让他们在有准备的环境中，循序渐进地学习。蒙台梭利提出听说教育包括口语经验的发展，如分类卡游戏、语言游戏等；口语表达理解力的发展，如讲故事、背诵诗歌和故事等。

读的教育。为了更大限度地扩充儿童的词汇，蒙台梭利设计了一种任何人在任何时间、地点都能奏效的"三段式"练习法，即命名（例如教师出示苹果，进行命名，告诉孩子这是"苹果"）、辨别（教师出示很多水果，让孩子找出苹果在哪里）、发音（教师指向苹果，向孩子提问"请你告诉我这是什么"）。蒙台梭利提出读的教育内容包括阅读练习与语言常识。

写的教育。蒙台梭利认为儿童学习书面语言和学习口头语言不同，不能自然地获得，因而写的教育是"人的天性必须屈从于文明制约的困难问题"。根据观察，蒙台梭利认为，儿童学习书面语言的最佳时期或敏感期为4岁，她指出，如果从上小学才开始学习文字则耽误了宝贵的敏感期，会为后来的学习增加相当大的难度。蒙台梭利认为写的教育包括书写的预备与书写的练习。她利用儿童喜欢观察的特点，为儿童设计了文字教育的教具，如注音符号砂字板、金属嵌板、砂纸文字、书卡集等，为儿童进行书写活动练习提供帮助，以提高儿童的书写能力。同时，蒙台梭利认为，书写的练习应先于阅读的练习，应通过触觉的训练，帮助儿童发展书写动作，为此蒙台梭利设计了一套专为书写作准备的图画材料，让儿童在画画复制出几何图形的过程中，反复练习，直至熟练掌握运笔动作，为书写打好基础。

4. 数学教育

蒙台梭利认为在进行写、读教育的基础上，必须对儿童进行数学方面的教育。她认为，对 0—6 岁儿童的数学教育应以算术教育为主，她把读、写、算组成的学习看作一个整体，认为儿童在学习读、写的同时，也要学习数学。她为儿童设计了计算方面的内容，包括数数、数字练习、用书写符号表示数、数的记忆练习、从 1 至 20 的加减乘除法、10 以上的算术运算等。蒙台梭利主张通过数学教具，帮助儿童学习数学。所以在数学教育方面，除了运用感觉教育的教具外，蒙台梭利还设计了一套数学教育的教具，其数学教具的运用与其教学目的相匹配。

5. 文化科学教育

蒙台梭利主张必须让儿童学习前人创造的文化财富即文化科学知识，认为通过学习文化科学知识可以发展智慧、丰富精神和增长教养。蒙台梭利的文化科学教育的内容主要包括简单的历史、地理、动物、植物等几个主要方面。蒙台梭利的教室里为孩子们准备了动物、植物、历史、地理、天文、地质等方面的教具，让孩子学习如何照顾动植物，了解自己所居住的大环境，了解宇宙万物的奥秘，认识各种矿物等。科学文化课程内容的学习并没有先后顺序之分，要视班级幼儿经验而定。从幼儿年龄来看，约 4 岁半至 5 岁的幼儿才会开始学习文化课程。

6. 其他内容

除了以上日常生活练习、感觉教育、语言教育、数学教育、文化科学教育等内容外，现代蒙台梭利的教育内容还关注艺术、音乐等方面。蒙台梭利是教育中注重环境美学的先驱，她看到了环境中的审美品质和整体平衡对幼儿发展的深远影响。她偏爱用一种间接的环境布置来进行审美教育，认为在幼儿所处的环境中加入漂亮的和认真挑选的艺术作品很重要。教室的材料和从自然界中获得的广泛而丰富的感官体验，将为幼儿今后形成创新性表达提供丰富的素材。

五　课程组织与实施

蒙台梭利课程是以儿童的内在需求为出发点，要求必须仔细观察儿童并充分了解可以帮助他们发展的活动。其课程内容的组织是以教具为中心，而教具则依据儿童的各个敏感期而设计，不需要按照年龄进行计划，也不需要成人进行指定，儿童可以按照自己的能力和进度去操作。

教育过程的组织则是以环境为基础。蒙台梭利认为任何教育计划的施行，首先是要提供安全、真实且适宜的环境。对于教育方案的实施，蒙台梭利提出了以下建议：

1. 有准备的环境

蒙台梭利认为，儿童是不知疲倦的探索者，他们"吸收其环境，从中获取一切他想要的东西，并且把它变为自己的一部分"。因此，设计适合儿童的环境，也就是有准备的环境是蒙台梭利课程实施的核心任务。具体而言，有准备的环境应该有以下主要特征：

①自由的气氛。

②丰富的环境。

③良好的秩序。

④真实与自然。

⑤美感与安全。

2. 教具——工作材料

在蒙台梭利课程中，学习被称为"工作"，而教具就是"工作材料"，这些"工作材料"不是教师教学的辅助工具，而是儿童"自发工作"的操作材料，它们具有丰富的教育意义。蒙台梭利教具大体可分为四类：生活训练教具、感官训练教具、学术性教具和文化艺术性教具。其中，以其感官训练教具最有特色。

蒙台梭利感官训练教具具有如下特点：

刺激的孤立性。每一种教具只训练一种感知能力，以排除其他感觉的干扰，以使相应的感官以最大的敏锐度去感知这种刺激，得到纯正、清晰的感觉。例如，在色板的设计上，除了颜色不同外，色板的其他特性，如形状、重量、大小等都是一致的。

操作的顺序性。蒙台梭利认为，感觉教育主要是针对儿童的敏感期而设计的，而敏感期的出现是服从个体发展节律的，所以要根据这种发展节律设计教具，并对儿童进行循序渐进的训练。例如，出示带插座的圆柱体的顺序是：①高度相同，而直径不同的圆柱体；②直径相同，而高矮不同的圆柱体；③高度与直径都不相同的圆柱体。

工作的趣味性。蒙台梭利教具对儿童的吸引力不在于它的外表，而在于它的内部——能满足儿童内在的需求，因而可以长时间地吸引儿童。

自我教育性。孩子通过摆弄实物化的教具进行独立自主的练习，这些教具的设计能够让孩子做到自我指导，自我校正，激发孩子自己动手操作的欲望，让孩子取得对自身成就的满足，使幼儿自我教育、自我提高变为可能。

幼教案例

在感官练习中有一套插座圆柱体教具：木托上有10个直径递减的孔，每个孔都正好能插入一个圆柱体，一共有四组。月月（3岁）今天的感官训练内容便是将其中一组实木块中所有的圆柱体都拿出来，打乱顺序，再重新将它们放回到对应的位置上。

月月舒服地坐在桌子旁进行训练。他用一两根手指头捏住圆钮把手，小心地将实木块拿出来。再通过手和手臂的运动将实木块轻轻地打乱，在这个过程中，他小心翼翼尽量不让实木块掉在地上，或发出嘈杂的噪声，之后再将圆柱体实木块放回到原先的位置上。

之前的圆柱体都放在了合适的位置当中，现在为什么这个找不到合适的位置了呢？遇到问题时月月会稍停下来，皱着眉头，冥思苦想。他开始去观察圆柱体实木块上面的圆钮把手，看看是不是有某个圆柱体实木块放错了插孔。他觉得，可能是一些圆柱体放错了位置，又尝试着去重新放。

他在一遍又一遍地重复这个过程，最后终于成功了。这时，月月的脸上绽放出胜利的笑容。

插座圆柱体的工作，有助于培养孩子通过观察区别大小尺寸的能力。通过这样的训练，孩子最终可以一眼就看出，手中的圆柱体实木块应该放在多大的插孔中。这种教育方法所建立的基础是：教学用具本身可以控制错误的出现，孩子在操作的时候可以感觉到自己是否正确。孩子想要达到自己预期的目标，这种愿望会让他不断纠正自己。就是这样儿童便可以靠自我的修正而达到自我教育的目的。

不少人误以为将蒙台梭利教具摆放在教室的各个区域就是蒙台梭利教育了。实际上，蒙台梭利课程的核心在于观察、了解儿童发展的内在需求。教具是蒙台梭利教育的重要特色，但儿童才是蒙台梭利课程组织的中心。

3. 教师的角色

在蒙台梭利学校中，教师的首要角色是观察者。教师应该教得少而观察得多，通过耐心观察来了解孩子的需要。

教师也是环境提供者。蒙台梭利认为，儿童是在吸收环境的过程中发展的，所以教师的重要作用之一，就是为儿童提供有准备的环境，包括良好的物质环境和民主、宽松、和谐、自由的良好氛围。

教师还是指导者。在蒙台梭利的"儿童之家"，教师最主要的工作就是指导，蒙台梭利甚至直接把"教师"改称为"指导者"。具体而言，指导者一要提供解释和示范，比如能够为孩子示范教具的正确操作方法；二要提供支持和帮助，教师应掌握好适度干预的时机和方式，时刻准备着在儿童需要的时候帮助他们。

教师更是支持者和资源提供者。蒙台梭利认为儿童是"工作"的主体，但也离不开教师的协助。在孩子需要时，教师会随时出现在孩子的身边，成为孩子情感的支持者和学习活动的最佳资源。

4. 教学方法

蒙台梭利的教学方法有很多种，比较典型的有示范法，即教师向儿童进行示范，儿童通过观察和模仿进行学习；"三段式"教学，即在儿童认识过程中利用"命名—辨别—发音"3个步骤进行教学；自主学习，即儿童在"工作"过程中自行了解并掌握学习内容。

六　课程评价

蒙台梭利课程方案中，重视儿童的自由，强调对儿童的尊重和信任，强调儿童个别化的学习，倡导教师耐心、细致的观察与指导。幼儿的学习主要是通过对"有准备的环境"中"工作材料"的操作进行，且这些"工作材料"具有自我矫正的功能，幼儿可以进行自我教育，使其在操作的过程中主动学习、自我发展。教师的评价则主要是为了鼓励和引导幼儿的活动，他们需要做好幼儿工作记录，并通过不断调整教育材料，促进幼儿的良好发展。因此，蒙台梭利教育方案的评价是隐性的，是为发展服务的过程性评价。

任务二　高瞻课程

微课：高瞻课程

一　课程设计背景

高瞻课程始于1962年，在当时，它是美国密歇根州海伊斯科普佩里学校学前教育科研项目的一部分。由韦卡特（D. P. Weikart）等人带动的这种早期教育课程，是美国"开端计划"中第一批通过帮助处境不利的学龄前儿童摆脱贫苦的学前教育方案，也是一个令人感兴趣的实验设计方案——儿童被随机抽取和分配，并允许研究者通过对参与该方案的儿童今后生活状况的考察来追踪该方案的作用。研究结果表明：与对照组相比，无论是从短期还是长期来看，"佩里学前教育计划"为实验组儿童都带来了效益，包括在学业上取得成就、犯罪率和吸毒率较低、就业率和经济收入较高、需要的福利救济较少。高瞻课程在后来的发展过程中将美术、音乐、运动和计算机运用等纳入课程，并在全世界范围内得以推广和运用。

二　课程理论基础与理念

高瞻课程的理论基础是皮亚杰的儿童认知发展理论。高瞻课程从皮亚杰理论中提炼出两条基本原则，一是儿童认知发展遵循一定的规律，二是儿童认知是通过主动建构而非直接传授来获得发展的。这两条原则界定了高瞻课程方案的过程和内容。根据皮亚杰的认知发展阶段理论，儿童处于前运算阶段和具体运算阶段，处于前运算阶段的儿童有能力在心智上呈现他们的活动和经验，有能力和他人进行口头沟通，有能力对他们自己的活动进行反思，有能力回忆过去的事件，有能力在他们熟悉的因果序列中预测后果，有能力解决简单的日常问题，有能力把符号或表征及其所代表的东西区分开来，但这些心智过程仍是直觉性的，仍无法组织成为一个整合系统。因此，高瞻课程强调表征的重要性，并将表征整合到一日生活的"计划—'工作'—回顾"的标志性流程中。此外，根据认知发展的机制，高瞻课程特别强调儿童主动学习的意义。但高瞻课程不是一个纯粹的或狭隘的皮亚杰式课程，而是一个强调培养儿童的问题解决能力和决策能力的课程。

　　和皮亚杰一样，维果茨基的许多观点也被高瞻课程模式吸收，奠定了其发展的基础。维果茨基在教育方面的许多理论观点是非常有价值的，比如：成人应该鼓励儿童参与目前还无法独立完成的任务，并在整个过程中与儿童充分沟通；有经验的成人或同伴的支持有利于儿童的成功；成人或教师的角色发生了转变，从原来的指导者和管理者转变为支持者和参与者；教育者仅仅决定向孩子提供怎样的学习环境是不够的，还要根据他们的兴趣和发展水平决定如何以及何时向他们提供这些外部环境。因此，高瞻课程强调成人对儿童的作用，强调儿童与教师及同伴交流的重要性，将提升社会性技能和交往能力作为促进儿童逻辑推理能力发展的策略。

　　杜威的教育理论形成于 19 世纪 90 年代，而这一时期正是美国社会变革的历史分水岭。杜威的进步主义教育思想是相对赫尔巴特（Johann Herbart）传统的教育思想而言的，他提倡教育要重视儿童的兴趣，从儿童的天性出发，促进儿童的个性发展。杜威认为理想的学习是游戏性和严肃性的结合。19 世纪末 20 世纪初，美国的学前教育正经历从保守走向进步，高瞻课程顺应了历史的发展，吸收了杜威关于教育、课程等先进的思想，不断地发展壮大，推动了美国学前教育整体的发展。

三　课程目标

　　初期的高瞻课程最主要的目的在于有效地促进儿童的认知能力发展，为今后的学习奠定基础。后期，则强调以儿童的主动学习为中心，促使儿童的认知、情感与社会性协调发展，培养主动的学习者。需要注意的是，这里所说的主动学习就是目标本身，而不仅是一个教学策略。现在，高瞻课程的主要目标在于通过促进儿童建立个人责任感、社会责任感、独立性以及目标导向的生活方式，为儿童将来成为自立、守法的公民奠定基础。

　　高瞻课程的发展经历了三个阶段。在第一个阶段，课程设计者将其关注点放在为儿童进入小学而准备的知识和技能方面，教师有明确的教学目标，这些目标都出自对课程内容的相当传统的看法。课程设计者在前数学、前科学和前阅读等方面制订了有序的计划，鼓励儿童按程序进行学习。

在第二个阶段，高瞻课程设计者接受了儿童处于不同发展阶段的观点，尝试把那些代表该发展阶段水平的技能教给儿童。他们开始运用皮亚杰理论组织课程的进程，从原先强调对儿童前学业技能的训练，转变为强调根据每一个儿童的发展水平去促进其发展。但是，在这一阶段，课程设计者主要是通过提问那些已知答案的问题进行教学，儿童还没有获得真正意义上的主动。

第三个发展阶段以后的高瞻课程，其总目标依然是认知性的，但是，与上一阶段相比，课程目标发生了三个方面的变化：①在保留"认知发展的关键经验"的基础上，增加了"主动学习"这一部分，课程设计者强调他们的意图是将结构化的目标隐含在儿童活动的背景之中；②具体的目标领域也发生了一些变化，如数概念的目标就被分离了出来；③考虑了儿童社会情感方面的目标。

四　课程内容

高瞻课程模式提出了主动学习的 58 条关键发展指标（KDIs）。关键发展指标是幼儿发展的关键经验，即幼儿应该学习和了解的基本内容，也是幼儿发展过程中必不可少的、必须学习和掌握的内容。58 条关键发展指标可以作为教师鹰架教学的"抓手"。教师可参照 58 条关键发展指标制定教育目标，设计并实施各领域的教育活动，也可以在一日生活的各个环节有目的、有计划地观察幼儿。

高瞻课程主动
学习的 58 条
关键发展指标

 拓展阅读

鹰架观念

鹰架观念源自维果茨基的最近发展区理论。所谓鹰架是指提供符合学习者认知层次的支持、导引和协助，以帮助学习者由需要协助到逐渐能够独立完成某一任务，进而使其由低阶的能力水平发展到高阶的能力水平。

事实上，这些关键发展指标并非课程的目标，它们可以通过适合儿童不同发展水平的多种活动而获取，这些活动可以由教师组织，也可以由儿童自发开展。它给教师实施课程提供一种方式，把教师从使用练习册、内容大纲中解放出来。

高瞻课程不是要求教师围绕关键发展指标，按照从具体到抽象、从简单到复杂的顺序设计

课程活动，而是提醒教师要认识关于儿童认知发展的一般顺序，拓展成人对儿童的所作所为、所思所想以及儿童享受其中的事情的理解。这种对儿童复杂性的理解，促使成人提供适宜的材料和互动以支持儿童那些正在生成的能力，而不是去关注儿童的错误和不足。

五　课程组织与实施

高瞻课程为儿童的主动学习创设了连续但又具有灵活性的一日活动流程。该课程的一日活动安排有半日和整日之分，一般由问候时间、"计划—实施—回顾"（plan-do-review）、大组活动时间、小组活动时间、户外活动时间等活动环节组成，以主动学习为核心。其中部分活动环节的顺序可根据时间和课程设置结构灵活调整，但"计划—实施—回顾"的顺序不能颠倒，它是高瞻课程一日活动流程中最核心的环节。

1. 高瞻幼儿园的一日活动

（1）问候时间（时间可变）。

问候时间是成人主导活动时间的一部分，时间虽短，但在一日活动流程中却非常重要。它为儿童提供了从家庭到学校的自然过渡，并创造一个舒适的学习环境。在问候时间，儿童与儿童、儿童与教师、教师与父母之间相互问候与交流，儿童因此可在一个舒适的环境中学习。一般情况下，一位教师接待父母，另一位教师坐在舒适的环境中协助指导儿童学习。两位教师可轮流交换角色。

（2）计划时间（10—15分钟）。

计划时间是整个"计划—实施—回顾"流程的开端。计划的目的是帮助儿童发展其细节思考能力，鼓励儿童清晰表达他们的选择和决定，提高儿童的自信心和控制力，使儿童融入和沉浸在游戏中。

儿童可以根据自己的交流能力选择行动、手势、语言或图画等来表达他们的计划。计划不同于简单的选择，因为计划包含儿童想做什么以及他们将怎样做的具体思考。换句话说，计划比选择更具目的性和意向性。高瞻课程不要求儿童必须坚持最初的计划，当儿童无法完成活动时也不会遭受批评。相反，在"工作"时间，教师会遵照儿童的想法并帮助他们展示新计划。儿童当然也可能会完成最初的计划，这之后，他们通常会在教师的鼓励和支持下制订一个新计划来继续"工作"。

（3）"工作"时间（45—60分钟）。

儿童制订好计划后，便进入实施环节即"工作"时间。实施环节在一日活动流程中是儿童最忙的时间段，也是"工作"最长的时间段，一般持续45分钟到1小时。"工作"时间的目的是帮助儿童实施其原有意图或有目的地玩、使儿童参与到一种社交环境中、提供给儿童很多解决问题的机会、使儿童参与到重要的发展指标中以帮助其建立认知能力、为教师观察儿童游戏活动以及给游戏活动提供帮助等。儿童所做的事情就是实施其预先制订的计划。"工作"内容和游戏相似，但因为孩子们在之前已经思考和描述了他们的目标，所以更具有目的性，故称为"工作"而非"游戏"。

（4）清理时间（10分钟）。

"工作"时间后，儿童要对所用材料进行收拾和整理。儿童在"计划—实施—回顾"期间，总是处于发现材料—运用材料—放回原位的循环中，即儿童首先发现自己想要的材料，然后利用材料完成计划活动，再在清理时间将材料放回原位。在此过程中，不仅活动区域变得干净整洁，儿童也积累了相关收纳经验。

（5）回顾时间（10—15分钟）。

回顾时间是"计划—实施—回顾"过程的最后一步，孩子们在此时间段思考、复述、展示彼此在"工作"时间的成果。回顾时间的目的是锻炼儿童表达内心想法的能力、巩固儿童对经验和活动的理解、拓宽儿童已有的认知，以及让儿童拥有更多在公共场合表达自我的经验等。

（6）大组活动时间（10—15分钟）。

大组活动时间即团体活动时间，有时也称"圆圈时间"，是所有成人和儿童共同参与、共同活动的时间，因此需要足够的空间。整个过程一般持续10到15分钟。在此时间段，成人和儿童一起唱歌、跳舞、讲故事、表演乐器、做游戏等，以培养儿童的团队意识和群体归属感。

（7）小组活动时间（15—20分钟）。

一般以8—10名儿童及1名成年人为一小组，持续15—20分钟。与一般幼儿教育不同的是，高瞻课程里的小组活动时间是一个独立的时间，而不是儿童"自由游戏"的一部分。由于小组规模小，一般小组内所有儿童都可以积极参与活动。高瞻课程很重视小组活动，因为这时儿童使用同样的材料"工作"，教师可以鼓励儿童分享自己的想法、互相帮助以及互相学习。

（8）户外活动时间（30—40分钟）。

高瞻课程的户外活动时间一般安排在某个活动开始或者结束时进行，以减少活动转场和换衣服的次数。户外活动为儿童和成人与他们周围的社区环境增加联系提供机会，同时儿童也可以利用各种感官去观察、欣赏大自然。这段时间一般持续30—40分钟。

（9）零食时间（时间可变）。

高瞻课程设置中的零食时间也是一个独立的时间段。在大部分半日制高瞻课程方案中，在活动的间隙，成人和儿童会分享一次零食；而在全日制高瞻课程方案中则包括进餐时间和零食时间。零食时间的主要目的是为儿童提供营养的食物，为同伴间的对话和分享社交经验创造轻松愉悦的氛围。

（10）过渡环节时间（时间可变）。

过渡时间主要指一日活动流程的各个环节之间的转换时间，在高瞻课程中被视为活动本身。过渡时间的设置是为了一日活动流程顺利流畅地进行，避免等待时间的出现。为使过渡稳定，教师应尽量减少过渡的次数。同时，教师要尽可能营造一种轻松、愉快的氛围，利用各种方式和策略使过渡环节变得生动有趣。当某一活动环节即将结束时，教师要在过渡时间前给予儿童一个提示，比如，"五分钟后将会是清理时间"或者"当我们向衣帽间走去时，我们可以模仿哪种动物?"以此来吸引儿童注意力。此外，教师还要给予儿童一些过渡时间的活动选择，例如，"你可以在小桌子旁等，直到我们结束小组活动时间"或者"你可以到图书区先去看看书"等。

高瞻半日制幼儿园活动及全日制幼儿园活动流程见图7-2、图7-3。

问候时间→计划、"工作"、清理回顾时间→点心时间→大组活动时间→小组活动时间→户外活动时间→离园

图7-2　高瞻半日制幼儿园活动流程

早餐→问候时间→大组活动时间→计划、"工作"、清理、回顾时间→小组活动时间→户外活动时间→午餐→阅读和休息→点心时间→户外活动时间→离园

图7-3　高瞻全日制幼儿园活动流程

2. 教师的作用

高瞻课程受皮亚杰教师角色理论的影响，把教师定位于促进者和合作者，而不是单纯的传授者。鼓励教师在教学过程中让儿童自由探索外部环境，在参与实践活动过程中不断建构知识经验。具体而言，教师的作用主要体现在以下方面：

①依据关键发展指标来观察和解释每个儿童的活动。

②评估儿童的发展水平和发展需要。

③计划并提供建立在儿童的活动和兴趣之上的经验。

④创设支持性学习氛围和互动关系。

⑤布置学习环境，让幼儿在舒服且更有组织性的环境中主动学习。

⑥鼓励儿童有目的地活动、解决问题和反思。

⑦促进家长参与。

六 课程评价

高瞻课程十分注重对儿童发展的评估，认为它是课程的起点。对儿童发展水平的评估不是通过考试或智力测验，而是全面的情境性评估。目的不是给儿童打分，而是了解、分析他们的当前发展水平，并以此为依据确定下一步的教育工作。

PQA 和 COR Advantage

高瞻有两套综合性的评价工具，一套针对机构，一套针对幼儿。其中《学前教育机构质量评价系统》（PQA）评价教师和机构是否有效实施了课程，评价者对课堂乃至整个机构进行评分，进而识别出做得好的地方以及应改进的地方。这一评价工具在婴幼儿阶段均可使用。而《学前儿童观察评价系统》（COR Advantage）评价幼儿各个内容领域的学习。教师和照顾者每天会记录一些客观描述幼儿行为的简短逸事。他们利用这些记录来评价幼儿的发展，并为个别幼儿或全班幼儿制订活动计划，促进幼儿进步。

任务三　瑞吉欧课程

微课：瑞吉欧课程

一 课程设计背景

瑞吉欧是坐落在意大利东北部的一个美丽富饶的小城，这里有繁荣发达的现代化工业，失业率较低；多数家庭生活富庶，经济状况良好。人们具有良好的互助合作传统，崇尚自由、民主，非常热爱和关心儿童的教育。著名的瑞吉欧幼儿教育法在这里萌芽、形成、发展并向世界各地进行传播。瑞吉欧幼儿教育法是以劳瑞兹·马拉古奇（Loris Malaguzzi）为核心的一大批教师和家长的集体智慧结晶。

瑞吉欧幼儿教育体系创建于第二次世界大战之后，经过发展，在 20 世纪 80 年代逐渐受到世人关注。1981 年，瑞吉欧幼儿教育在瑞典的斯德哥尔摩举办了题为"如果眼睛能跃过围墙"的展览，介绍瑞吉欧教育前一年的幼托工作成果，这个展览获得了巨大的成功。从此以后，瑞吉欧在世界各地又举行了多次的展览，把对儿童的希望和儿童拥有潜能与权利的教育哲学的信念带向了世界各地。为了更准确、生动地反映其幼教经验，1987 年在美国纽约的展览开始更名为"儿童的一百种语言"。20 世纪 90 年代，瑞吉欧的国际知名度直线上升。在 1991 年，瑞吉欧学前教育系统被美国具有影响力的杂志之一——《新闻周刊》评为世界十大最佳学校之一。后来在美国著名的学前教育专家凯兹、爱德华兹、福门等人的介绍与推广下，瑞吉欧的教育理念与经验逐渐被世界上许多国家和地区的学前教育工作者所接受。其尊重儿童的权利，相信儿童的能力，从儿童的角度看问题等观点深入人心。

二　课程理论基础与理念

1. 瑞吉欧教育体系的理论基础

瑞吉欧幼儿教育法自形成后，其新颖的教育理念和教育方法，突出的教育成果等受到高度的评价，世界各地人们争相前往参观学习。瑞吉欧之所以取得突出的成就，与其吸收融合先进的思想是分不开的。

（1）杜威的儿童中心理论。

瑞吉欧教育体系的创始人马拉古奇认为，该体系的建立曾受到许多思想家、教育家的影响，其中就包括约翰·杜威。杜威是进步主义教育的核心人物，他的教育思想在 19 世纪末逐步形成，"儿童中心论"是杜威教育学说里非常重要的内容。他反对传统教育中"灌输"式的教育方式，认为教育是主动的、建设性的，应以儿童的兴趣和自由为导向来设计课程和选择教材，但也不可忽略逻辑地组织经验的价值，应将学科的知识融入儿童的经验之中。因此，瑞吉欧教育充分利用幼儿园、家庭、社区中的丰富资源，为儿童提供探索活动，在儿童的兴趣驱使下，帮助儿童实现全面发展。

瑞吉欧教育体系的教育观中，处处蕴含着杜威的"儿童中心论"，包括互动、建构主义观点和合作精神等。瑞吉欧教育注重联系儿童的社会经验，教育方法主要采用方案教学，这些都来源于杜威的教育思想。如马拉古奇所说的："在我们的教育体制中，最基本的就是以幼儿为中心……"这句话的基本含义并不是单纯地以儿童为中心，并不是单纯地放任儿童自流，而是指教育应以儿童为出发点，应尊重儿童的发展与人格特点，儿童必须有自己的空间，成人不能对儿童施加权威，成人除提供支持的角色外，更应该扮演引导的角色。

（2）皮亚杰的认知建构理论。

著名儿童心理学家皮亚杰将儿童的心理发展看作是内外因交互作用、学习主体主动建构的结果。他认为，知识既非来源于主体，也非来源于客体，而是来源于主客体相互作用的过程，动作（活动）是联系主客体的桥梁。应该让儿童在真实的材料中去探索、操作和摆弄，为儿童提供丰富的学习环境和机会，鼓励儿童去思考、推理和解决问题。

在瑞吉欧教育体系中，强调"儿童自己动手操作""儿童主动地同化或顺应环境""为儿童提供有待解决的问题情景"等观点与皮亚杰的思想不谋而合。瑞吉欧的教师有一条皮亚杰式的教育箴言，"站在一边，静静地待在那里，给学习让出时间和空间来，仔细观察儿童的所作所为，从中有所发现、有所感悟，而后，你的教学就可能不同于往常"。

（3）维果茨基的"最近发展区"理论。

维果茨基在论述教学与发展两方面的关系时，提出了"最近发展区"这一概念。"最近发展区"指儿童在有指导的情况下，借成人的辅助所达到的解决问题的水平与在独立活动中所达到的解决问题的水平之间的差异。例如，两个儿童接受 8 岁儿童心理测定标准的测验，在标准化的辅助下，第一个儿童达到 9 岁儿童的水平，而第二个儿童达到 12 岁儿童的水平，那么第一个儿童的最近发展区是 1 年，而第二个儿童的最近发展区是 4 年。维果茨基指出，教学提出的要求只有落在"最近发展区"内，才能推动人的发展。

瑞吉欧的教育者们认为在"教"与"学"之间，更应尊重后者，所以他们一向是"以学定教"的。瑞吉欧的教学方案始终是以儿童的兴趣和生活经验为起点的，在方案进行的过程中，教师们根据方案进展的情况不断地给儿童制造"困难"，让他们在不断地探索和解决问题中获得新的知识。在这个过程中，教师通过掌握正确的时机，适当地介入，给儿童提供帮助，但这个帮助不是包办代替，而只是方法上的引导，让儿童在教师的引导下"跳一跳"，主动发展。

 幼教案例

帐篷里的影子

一个学前教育班的孩子对露营特别感兴趣。他们想在班里扎一个帐篷，并且带上手电筒，就像在旅行一样（孩子们坚信手电筒是露营时必须拥有的东西）。王老师鼓励这项活动，并且期待这个活动能带动有关露营的游戏。当孩子们在帐篷里用手电筒玩耍时，他们很快就注意到了天花板和墙壁上的影子，接着他们开始把手和头放在手电筒前以创造更有趣的阴影效果。

王老师注意到了孩子们对影子展示出来的强烈兴趣，于是决定带孩子在校园里进行"影子漫步"。在散步时，孩子们对自己的影子表现出来了浓厚的兴趣。王老师密切关注着孩子提出的问题，将散步和一系列挑战结合起来，引领他们的兴趣发展。王老师也提出了一系列问题，如"转到一个你能（不能）看到影子的地方""尝试和同伴的影子接触""尝试和同伴的影子接触但是身体不接触"。这些问题使孩子参与到一个目标导向，而不仅仅是兴趣导向的活动中。

在校园散步之后，王老师根据年龄和发展水平将孩子分为四人一组，并用散步时的记录帮助孩子把散步的图片和自己的话结合起来，并帮助他们发现和发展问题和兴趣。

王老师再把孩子带到室外让他们去观察事物的影子。孩子们找出了他们认为固定的影子，并用粉笔画出了这些阴影，过了一会儿他们去查看粉笔画，得出结论：所有的影子都会移动。

"帐篷里的影子"这个案例向我们展示了瑞吉欧教育的课程来源，也描绘了主动而又具有

创造性的学习者学习的过程。儿童能通过合作、探索、沟通、协商不断地去获得主客观体验，进而使学习无界化。从儿童的兴趣出发，突破了学习的边界，为儿童提供了开放自由的环境，其课程是目标、内容、教学和学习，以及评价互动的产物。瑞吉欧教育从项目的设计、项目活动的开展到项目的反思和总结整个过程中给予幼儿自由探索、学习和表达的机会。

2. 瑞吉欧教育体系的基本观念

（1）儿童是拥有生存和发展权利的人。

瑞吉欧教育体系认为，儿童是一个个体，他们与成人具有相同的生存和发展的权利。在成长的过程中，儿童必须感觉到自己存在的价值，感觉到自己的重要性，他们有权利发表自己的看法，有权利得到成人的尊重和理解。

（2）儿童具有巨大的发展潜能。

儿童具有巨大的潜能，他们有能力认识世界。他们并非只能单纯接受知识的灌输，他们富有好奇心、创造性，具有可塑性。他们有着强烈的学习、探索和了解周围世界的愿望，他们是在与外部世界的相互作用中主动地建构自己的知识与经验，主动地寻求对这个复杂世界的理解的。

（3）儿童是主动的学习者。

瑞吉欧教育体系认为儿童的学习过程不应是由外界推动的，而是要儿童自己积极主动地进行的。马拉古奇认为，幼儿的学习并非教师教授后一个自行发生的结果，反而大部分是由于幼儿自己参与活动的结果。他们对学习有着天然的兴趣，从出生起，他们就在与现实世界的"交往"中积极地建构自己的认识和理解。不是经验塑造儿童，而是儿童塑造经验。

（4）儿童是天生的"艺术家"。

儿童天生都是艺术家，能用"百种语言"来表达自己的认识。"儿童的百种语言"主张儿童能用各种不同的象征语言和其他媒介来表达自己对世界的认识。瑞吉欧的教师特别鼓励孩子通过表达性（动作、表情、语言、体态等）、沟通性及认知性语言来探索环境和表达自我。

（5）儿童的学习是一种以相互关系为基础的社会建构过程。

瑞吉欧坚信儿童是积极主动的探索者和意义的建构者，语言不应当被用作获取知识的捷径，所有知识都应是在自我和社会性建构的过程中产生的。儿童并不是孤立地在一种抽象意义上进行自我建构，而是在与其他儿童、教师、家长所在的历史及社会文化环境中，通过社会相互作用进行心理建构的。在儿童之间、儿童和成人之间广泛的相互联系中，他们交流、反馈、沟通、协商、对抗、采择他人观点、修正自己的观点。这个过程中引发的认知冲突将儿童与同伴的关系转化为同化和顺应的一部分，维持着一种认知和社会性的螺旋形发展过程，这就是成长的"驱动力"。

三 课程目标

瑞吉欧幼儿教育体系把儿童看成是拥有智力、情感、社会性和道德的完整个体，教育者要精心引导和促进他们潜能的发挥。瑞吉欧幼儿教育体系的目标就是要提供高质量的学前教育，增长儿童及成人相关的教育知识和实践智慧，通过一种积极的、相互的交流，帮助儿童学会如何学习，增加儿童发明和发现的可能性。瑞吉欧教育体系通过对象征性表达方式的系统运用来促进儿童的智力发展，鼓励儿童通过各种"可表达的、交流的和认知的语言"，包括语言、动作、绘画、建构、拼图、音乐、戏剧、手偶、雕塑等，来探索周围的环境并表达他们自己。瑞吉欧的教师们会以儿童的兴趣和需要作为制定主题的出发点，将儿童需要完成的工作组织成各种研究项目。这些研究项目的主要目的是帮助儿童深入了解发生在周围的各种现象以及完成一些相应的实验。同时，家长、教师和儿童之间需要建立起合作、互动、共同学习的伙伴关系，孩子们的共同探索和成人间开放性的思考和讨论，能让教育成为一项公共活动。

可见，瑞吉欧幼儿教育追求的不是功利性目标，而是教育的内在品质，即要创造一个和谐的环境，使在这个环境中的每一名幼儿、教师都感到自在、愉悦。概括而言，瑞吉欧的课程目标就是让儿童"更健康、更聪明、更具潜力、更愿学习、更好奇、更敏感、更具随机应变的适应能力、对象征语言更感兴趣、更能反省自己、更渴望友谊"。

四 课程内容

没有明确的课程目标，也就直接导致瑞吉欧教育体系没有明确的课程内容。瑞吉欧课程的内容来自儿童生活中感兴趣的事物、现象与问题；来自他们的经验及所进行的活动。瑞吉欧课程内容的特点可以被概括为：没有固定的课程内容、没有固定的教学方案、把日常生活作为课程内容的来源、课程内容由儿童讨论决定。

五 课程组织与实施

瑞吉欧教育体系的课程与教学主要是以"项目活动（project approach）"或"项目工作（project work）"的方式展开的，项目活动是瑞吉欧课程与教学的主要特色。

所谓项目活动是指儿童在教师的支持、帮助和引导下，像研究人员一样，围绕大家感兴趣的生活中的"课题"（"主题"或"题目"）进行研究、探讨，在这个过程中发现知识、理解意义、构建认识。项目活动主要采取小组活动的方式，有时也有个人或全班集体的活动。

　　瑞吉欧的项目并不是教师提前策划好、已预知结果的课程。一个项目就是一种冒险，项目活动是师生合作进行研究、发现意义和了解世界的过程。它可以源于一个偶发的事件、想法，或是儿童提出的问题，也可以直接由教师引发。例如，对"人群"的研究就是由一个儿童在班级里讲述自己在暑假里的经历时产生的。当教师让儿童讲述他们在海滨或乡村的发现时，一个儿童用"人群"描述她所记得的一切，后来就形成了对"人群"进行研究的项目。但每一个项目研究什么、怎样研究、何时告一段落，都依靠儿童和教师双方的互动、交流与智慧的碰撞。

 **幼教案例**

<h3 align="center">项目活动——人群</h3>

　　假期结束后，孩子们回到学校。王老师和孩子分组交谈，引导性地提出了一些问题："假期中，你看到了什么？听到了什么？"王老师原本期待听到孩子们讲述在海面看到的浪花、帆船或在山林里踏青的日子，结果这个班上的一个小男孩分享了非常特别的记忆。小男孩说："有次我们一家人去码头，我们走过一条很长、很窄的街，叫作羊肠街。那里的商店一家接一家，到了晚上，到处都是人，我只能在人群中看到挤在一起的腿、手和头。"

　　王老师立刻抓住"人群"这个词，并询问其他孩子对这个词的理解，于是一个项目活动就从这里开始了，孩子们开始七嘴八舌地表述着自己对"人群"的理解：

　　"它是一个装满了许多人的袋子。"

　　"它是一捆彼此紧紧地贴在一起的人。"

　　"有人从你前面挤过去并且推你。"

　　"他们往前走，往右走，往左走，如果忘了什么东西还会拐过弯来往后走。"

　　"像许多人去看足球赛……他们要去看比赛，他们都是男人。"

　　"一群女生走过去，你会闻到很香的味儿。"

　　……

　　此时这个词变得意义丰富而有趣。王老师因此也认识到这一类的学习所具有的不寻常的潜力。

　　小组讨论后，王老师要求孩子们画出他们心中的"人群"。王老师发现，孩子们的画中所表达的"人群"与他们口头描述的不一样。这一活动持续进行了两天，王老师同时也在不断地进行反思与思考：为什么会出现这种情况？怎样帮助孩子将不同的象征语言结合起来，使其达到和谐一致？怎样使孩子们意识到他们自己的学习过程？于是，王老师决定让孩子们回忆他们先前对"人群"的讨论，然后再让孩子们看看他们所画的画。

　　孩子们看着画彼此评论着。在孩子们的描述中，王老师注意到儿童关于"人群"的概念进一步发展了。

　　例如，一个孩子在回忆对"人群"的描述时说："它向左走，向右走，向前走，当他们忘了什么东西时，就向后走。"很快，他发现他说的与他画的不一致——他画中的人都是在向前走。他显然有些不安，但他为自己找到了一个巧妙的理由："我只画了那些没有忘记什么的人。"

　　另一个孩子画的是大家手拉着手向前走，他解释说："他们是朋友，手拉着手。"这个观点立刻遭到其他孩子的反对："他们不一定是朋友，他们可能都不认识。"另一个孩子也遇到了一个困难：他画的人都在往前走，而有只狗却是侧面的。在其他孩子的追问下，他承认他只会画狗。其他孩子在谈到自己的画时说："如果人们像我所画的那样一直朝前走的话，那他们一定会撞墙的。""我们得画一些背面的、侧面的人，不能全画正面的人。""我不会画人的背面。""我也不会。""我们得学习如何画。"

　　至此，孩子们都表现出一致且强烈的愿望：想更多地学习如何从背后和侧面画人像。王老师全力支持这一想法，她让一个孩子站在教室的中间，其他孩子则在不同的角度对她进行观察，画出她的位置和体态，并且从前后左右四个不同的角度进行描绘。在这个过程中，孩子们学会了从不同的角度去考察和把握事物的基本方法。为了巩固孩子的学习成果，王老师让孩子们在一段时间内，在不同的场合和背景中研究人的姿态，鼓励孩子们用铁丝、黏土和画笔等各种工具展现他们所看到的人的背面和侧面。

　　王老师还把孩子们带到学校外面。在市中心，孩子们观察和拍摄繁忙街道上熙熙攘攘的人群；他们混在行人中，一起汇成"人群"。王老师还带他们从高处、远处、近处等各个不同的角度去观察、去感受"人群"。

　　几天后，活动的幻灯片制作出来了，并投射在墙上，教室的墙壁变成了一个城镇广场的背景。孩子们也扮演起各种不同角色，玩起进入广场和墙上的人群相互交往、交流的游戏来。王老师不断地鼓励儿童做各种有关"人群"的游戏，以各种方式重复、加深孩子对"人群"这个概念的认识。一些孩子又想出了新花样：把剪下来的人物贴到先前的画中，重新组合成"人群"。而另一些孩子则用流水作业的方式分工合作，制作黏土人物模型，并组合成了一个立体的、规模庞大的团体——人群。

　　这个"人群"的活动生动地展现了瑞吉欧教育体系在课程和教学方面的特色。

1. 弹性计划

　　弹性计划即教师预先制定出总的教育目标，但并不为每一项目或每一活动事先制定具体目标，而是依靠他们对孩子的了解以及以前的经验，对将要发生的事情提出种种假设，依靠这些假设而形成灵活的、适宜这些孩子需要和兴趣的目标。弹性计划不仅使老师对活动接下来的发展阶段有了充分的准备，而且为儿童的参与，为课程的发展，为那些不期而至的教育契机留下了足够的空间。可以说，是幼儿和教师一起，共同引导和促成着课程的发生、进行和终结。这样，课程就寓于活动之中，寓于生成之中，寓于师生的互动之中。

2. 合作教学

合作教学是瑞吉欧课程组织的又一鲜明特色。合作教学是指在项目活动过程中，教师与儿童之间是合作关系，双方共同商讨、探究，形成活动主题，然后把活动进行下去。

合作教学强调师生合作对某一问题进行研究。瑞吉欧将教学的过程比作教师和儿童在进行乒乓球游戏，教师"必须接住儿童抛过来的球，并以某种形式推挡回给他们，使他们想同我们一起继续游戏，并且在一个更高的水平上继续游戏，或许还能发展出其他游戏"。但瑞吉欧的教师从不因此试图去控制、限制幼儿的行为，代替幼儿的研究探索；相反，他们非常注重幼儿自己的主动探索和自由表达。

3. 档案支持

档案作为瑞吉欧教育体系的项目活动记录，很好地支撑了活动的进行。档案主要是对教育过程及师生共同工作结果以及儿童的语言、动作、情感、个性、同伴交往、活动成果展示、成长轨迹等进行系统记录，并进行注释和说明。以档案记录为依据，可以为教师给出建议。

4. 小组活动

小组活动为每个孩子提供了机会，使他们能意识到自己的观点与他人的不同，不仅能使儿童意识到自己与众不同，产生自我认同感，而且能使儿童在与他人的交流中，学会接纳与欣赏别人的思想和观点，认识世界的多元性。瑞吉欧认为小组内同伴间在发展水平上的差异不应过大，应有一个适当的距离，既能因不同而产生观点的交换和切磋，又不要因差异过大而产生过度的不平衡。

5. 深入研究

瑞吉欧的项目活动不是匆忙走过场，而是深入且富有时效的学习。因此，项目活动一般持续的时间较长，有的持续几天，有的甚至持续达数月之久。由于没有规定的课程表，也没有任何"检查"的压力，瑞吉欧教师们并不急于结束耗时较长的活动。瑞吉欧的项目活动是对某一个主题进行的深入研究，这种深入研究突出地体现在活动中幼儿对同一现象、概念多角度的全面认识以及对其在多种水平上不断提升的重复认识。

6. 图像语言

在幼儿小组围绕着一个共同的"项目"研究的过程中，瑞吉欧鼓励儿童运用他们的自然语言和表达风格，自由地表达和相互交流——包括语词、动作、手势、姿态、表情、绘画、雕塑等，其中符号性的视觉表征活动（瑞吉欧称其为图像语言）尤其受关注。

7. 开放的环境

马拉古奇曾说，"教育乃是由复杂的互动关系所构成的，也只有'环境'中各个要素的参与，才是许多互动关系实现的决定性关键"。所以，环境在师生互动中发挥了重要作用，要想促进师生之间、教师与教师之间、教师与家长之间的良好互动，就必须发挥环境的作用。

在瑞吉欧的教育体系中，处处都彰显着环境对教育的作用——幼儿园的选址一般都位于市中心，便于文化交流；活动室划分的小空间可以容纳三到四个人，便于孩子们的小组讨论，也有利于教师的观察和记录；物件的摆放都会方便孩子们的取拿，房间的设计有利于让不同年级的孩子相互交流……

瑞吉欧幼儿园的典型空间安排

（1）广场。

广场是学校的中央区，供幼儿、家长和老师共同使用。广场正反映了瑞吉欧·艾米莉亚这个城市的理念——一个兼容并包、开放的地方，以供家长、教师、幼儿们进行交流，擦出知识的火花。

（2）工作坊。

工作坊远离广场区域，是一个探索和实验的区域。艺术坊为孩子们提供了大量的工具和材料，孩子可以多次尝试，运用各种语言来表达自己内心的想法。

工作坊的设置反映了马拉古奇的理念——儿童可以和成年人一起在校园里进行研究、创意表达。在瑞吉欧地区，创造力不是与生俱来的特质，而是一种特有的思考、做决定和解决问题的工作模式。工作坊配备专门的教师，工作坊教师是幼儿园的专职教师，在视觉艺术、音乐、舞蹈、摄影、工艺等方面具有特殊才能，负责开发幼儿的长期项目，同时协助其他老师进行幼儿园的记录工作，同其他教师一起负责项目管理，与社区合作开展项目。

（3）教室。

教室内部设计灵活，有与孩子们身高相符合的桌椅，较低的讲台区域，便于小组讨论。每个教室都设置有小型的工作室，可以方便幼儿的创造，有些教室还会划分出一个单独的较为安静的区域，让孩子们进行思考。

（4）餐厅和厨房。

同其他空间相比，餐厅和厨房同等重要。厨房在餐厅旁边，一般用透明的玻璃装饰，可以让孩子们看到制作食物的过程，厨师会受到特别的尊重，因为瑞吉欧地区就有这样的历史传统——共同进餐是社会关系中最为重要的一部分。

老师们会鼓励孩子们一起参与准备食物的过程，孩子们会用自己在花园里培育的植物做食材，自己尝试着去发明菜谱。孩子们会轮流铺桌布、摆放餐具、放餐盘等工作，通过进餐，孩子们可以自我展示，自我交流，认识新的朋友。

（5）户外空间。

户外空间一般都会有大型的娱乐设施，露天的看台座椅，还设置有野餐的桌椅，在教师的带领和指导下，幼儿可以在户外区域进行活动。户外陈设一般都使用中性色调，与自然材料形成鲜明的对比，这样也使得户外空间与材料清晰地分开。

六　课程评价

瑞吉欧幼教课程评估采用的是真实性评估、情境性评估和形成性评估，即在真实的情境下、在活动的过程中开展的，是动态的、形成性的，而不是诊断性的，它不是要对孩子进行比较，或者给孩子贴标签，不是着眼于儿童的缺陷和不足，它关注的是儿童能够独立完成的事情以及在外界帮助下、在不同情景下能够达到的水平。

在项目开展的不同阶段，评估的重点不同。在第一阶段——最初的构想和设计阶段，可以评估"它对于孩子的学习提供哪些可能性？""它需要哪些资源？""孩子关于'工作'的概念有多明确？""这些计划对孩子的能力适合程度如何？"在第二阶段——项目的发展阶段，可以评估"'工作'如何进展？""哪些问题被提出？""孩子在'工作'中，如何应用基本的理论技巧？"在第三阶段——结束阶段，可以评估"最后的成果如何反映出最初的计划？""这些具有想象力与独创性的想法如何具体表现在作品中？""最后的成果如何反映孩子思考的成长？"

这种评估是教师理解儿童，理解儿童的方案、情感、兴趣、倾向和能力并设计出对儿童有意义的而又有一定挑战的学习经验，发展对儿童个体或集体起支持作用的反应性课程的基础。这种评估是在民主和社区般的气氛中进行的，不仅面向个体，而且还涉及儿童之间的互动，在当今强调民主、主张学校和班级形成一种社区的气氛、重视合作性学习的社会里，这种评估方式是其中一个很重要的因素。

任务四　华德福课程

微课：华德福课程

1919 年，著名科学家、思想家、教育家鲁道夫·斯坦纳（Rudolf Steiner）在德国斯图加特为香烟厂的工人子弟创办了一所学校，命名为"自由华德福学校"。该学校的办学享有盛誉，被认为是未来教育的典范。历经近百年的发展，如今华德福教育已成为世界上规模最大的独立教育运动，对全世界学前教育事业的发展产生了深刻的影响。

 一　课程设计背景

　　20 世纪初，德国历经第一次世界大战败局，经济、政治格局急剧变动。许多人开始怀疑传统的教育模式是否能够解决当时的社会文化困境，并强烈期盼新政体、新教育的出现，于是各地发展了以改革传统学校为诉求的教育改革运动。

　　当时，斯坦纳深受歌德、达尔文、尼采等人的思想熏陶，构建起自己的"三元社会结构"理论并大力宣传，得到社会各界的欢迎。一位德国企业家埃米尔·莫尔特（Emil Molt）邀请斯坦纳为他的香烟厂工人的子弟办一所学校，并以工厂的名字命名为"自由华德福学校"。至此，世界上第一所华德福幼儿园诞生。斯坦纳认为，基于社会剧变，必须有一套能照顾孩童的身、心、灵整体发展的教育方式，来挖掘和扩展每个人的内心潜能及生命视野，为一个更美好的人类未来奠基。华德福幼儿园践行这一理念，并逐渐构建起一套完整且独立的教育体系，形成华德福课程。后来，凡是以斯坦纳的教育理念为指导思想办学的学校，都被称为华德福学校。

二　课程理论基础与理念

　　华德福课程的理论基础跨越多门学科，主要基于斯坦纳对哲学、社会学、心理学的认识。

1. 哲学基础——人智学理论

　　工业革命后期的欧洲，社会迅速变革，物质文明飞速发展的同时，人们精神逐渐沦陷。许多哲学家和科学家都认为科学的方法只能研究物质世界，无法研究人类的精神生活。而斯坦纳独树一帜，运用科学的方法对人类的精神活动进行了深入的研究，并创立了探索人类心灵、认识人类本质的"精神科学"，称之为"人智学"。

　　"人智学"认为人由身体、心灵、精神三部分组成。其中身体是可见的，是由物质所构成的，并与外界环境相互作用。而心灵是不可见的，会产生出三个因子：印象、情感及意志。人们通过身体与外界环境相作用，并通过印象产生情感塑造自己的心灵，进而再通过意志影响外界。例如，同样是下雨天，每个人对此印象却不同。有的人觉得浪漫，有的人觉得烦闷。而这两种情感的产生会使人的内心世界更为丰富，进而影响接下来的生活。斯坦纳认为，人的精神对于一般人而言也是不可见的，但人的知觉器官是可以发展的。当人发展出新的知觉器官，就能认识到精神世界。人智学理论认为，7 岁之前的幼儿处在知觉器官发展的关键期，合适的环境、适当的劳动都有利于其知觉器官和能力的发展。

斯坦纳将人智学理论作为其教育思想的哲学基础，其主张以人为出发点的教育，注重人的全面发展，主张教育通过艺术来帮助儿童实现自我、完成自我。

2. 社会学基础——三元社会结构理论

在 20 世纪初，斯坦纳看到了现代的社会和环境背后的问题，重新构建了三元社会结构理论。他认为三元社会是构成理想社会的前提和基础，主要由政治、经济和文化三个领域组成。每个领域各自有其使命，经济领域给予物质支持，政治领域赋予公平和正义，而文化领域则给予意义和精神，由此来保证社会的秩序。在三元社会中，社会尊重个体，提供给每个人充分发挥个体意识的机会；而个人发展自己的心灵和思想，应履行与他人合作、和平共处的义务。斯坦纳认为只有人的精神发展，社会才能文明，教育应当成为改革社会的根本力量。只有通过教育，进行个人改造和实践，才能最终达到社会改革的目的。

斯坦纳指出，文化是除经济、政治生活之外，不以权益为目的，而以发挥个人自我意识为核心的一种表达形式，教育就属于文化领域。因此，华德福教育一直强调个人精神自由的追求，引导学生在自由和自愿的氛围中选择适当的关系建立群体意识，从而产生社会责任感，促进整个社会健康发展。

3. 心理学基础——七年发展周期论

根据人智学理论，斯坦纳认为人的本质可分为四个不同的范围：一是物理性躯体，它是由各种物质元素构成，在物理和化学作用等条件下存在，受物质规律的支配；二是隐性的生命体或以太体，它是人、动物、植物所共有的，如新陈代谢等现象；三是隐藏的感知体或星芒体，是痛苦、欲望、兴趣等情感的载体，是人和动物所具有的；四是自我意识体，这是人所独有的，通过自我意识，人类实现自我发展，自我提高，从而推动整个世界的文明发展。

斯坦纳认为人类有三次"诞生"，即出生（0—7 岁）、出牙（7—14 岁）和青春期（14—21 岁），这三次诞生则分别对应了前三个范围的发展（表 7-2）。

表 7-2　人类发展周期

周期	发展范围	发展特征	教育原则
0—7 岁	物理性躯体	身体的发展；运动神经、语言发展、换牙、体形的改变	求善。以模仿、学习为重；以游戏为主；教师成为幼儿模仿的榜样
7—14 岁	生命体（以太体）	心灵的发展：习惯、良心、个性、气质的发展	求美。提供儿童信赖的权威，师生长期交往形成安全的心理氛围
14—21 岁	感知体（星芒体）	精神的发展：判断力和意志力的发展	求真。启发学生独立思考和解决问题的能力；培养良好的思维习惯和学习方式

三　课程目标

斯坦纳提出，教育的目的是要"培养一位自由的人"。因此，华德福教育的目标可以归结为两个方面：一是滋养幼儿心灵，寻求幼儿身、心、灵三层次的全面发展；二是实现人的自由发展，进而建立健康的社会。在斯坦纳看来，拥有健康秩序的社会必须依靠教育来创造。只有通过教育充分发挥个体的内在潜能，发展个体的心灵及思想，才能创建和谐的社会。前者是华德福课程的直接目的，而后者是华德福课程的终极目标。两者相互依存，相辅相成。

四　课程内容

依据斯坦纳的七年发展周期理论，7 岁之前幼儿由于生命体还未展开，知识训练会使幼儿思维僵化，过早开发智力会透支幼儿的生命力，甚至影响幼儿的一生。所以华德福教育不提倡读书、写字、算数等正规学习，而是强调活动、游戏以及想象力的锻炼，注重幼儿的健康成长。其课程内容以自由游戏、艺术活动、故事以及节日庆典为主，如布偶戏、烹饪、音乐、湿水彩及蜡笔画、蜂蜡造型、自由游戏活动、园艺农作、照顾小动物等。华德福课程以健康、平衡的方式，在孩子身、心、灵三层面创造艺术化的日常生活。

五　课程组织与实施

华德福课程实施的特点主要体现在节奏、艺术化的教学环境、教师和家长的角色三个方面。

1. 节奏

德国是一个重视秩序和节奏的国家，华德福课程深受德国文化的影响，尤其注重韵律和节奏在幼儿发展中的作用。华德福教育的节奏可以分为一日活动的节奏、一周活动的节奏和一年活动的节奏。

（1）一日活动的节奏。

在华德福教育的一日活动中，包含两类活动：一类是呼出式的活动，是幼儿自主选择、自主开展的以游戏为主的各类自由活动；另一类是吸入式活动，是有目的、有计划、有组织的集体教学活动。两类活动交替进行，为幼儿提供有节奏、有秩序、有规律的生活，从而建立幼儿安全的心理环境，帮助幼儿有序成长。例如，表 7-3 所示为某华德福幼儿园提供给家长的每日节奏安排。

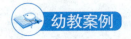
幼教案例

表7-3 每日节奏安排

08：45—09：00	入园
08：45—09：35	户外自由玩耍和收拾
09：35—09：50	点心
09：50—10：10	晨圈
10：10—11：30	主题活动/室内外自由玩耍
11：30—11：50	故事
11：50—14：30	午餐/午休
14：30—15：00	自由绘画/手工编绳/亲子阅读
15：30—15：45	点心
15：45—17：00	自由散步/亲子游戏
17：00	再见圈、回家休息

在表7-3中，户外自由玩耍、自由绘画、自由散步等属于呼出活动，晨圈、故事、再见圈则属于吸入活动，两者相互交替，共同形成有规律的生活节奏，为孩子建立一个良好的生活环境。

（2）一周活动的节奏。

除了一日活动，华德福课程还会拟定一周五天的主题活动（表7-4）。这一周的主题活动通常是较为固定的，幼儿能够清楚地知道这一周每天自己该干什么。这样的规律和节奏能够给予幼儿充分的安全感。

表7-4 幼儿园一周主题活动

周一	远足日
周二	蜂蜡日
周三	烹饪日
周四	湿水彩日
周五	清洁日

（3）一年活动的节奏。

季节和节日是华德福课程考虑的重要元素，华德福幼儿园年活动设置与季节和节日密不可分。随着四季的变化，故事、歌谣、绘画等主题活动内容会相应改变，让幼儿感受不同季节的特征以及时间流逝。节日，尤其是传统节日的庆典是华德福幼儿园一个非常重要的内容。以中国的华福德幼儿园为例，端午、冬至、中秋等传统节日到来时，孩子们会通过自己动手准备节日所需物品，会听老师讲述与节日有关的故事，从而建立起对传统文化的感性认识，进而引发对传统文化的热爱。此外，孩子们也会从有规律和充满喜悦气氛的庆典活动中，体会到每年的节气变化，建立起对四季和自然的理解。

2. 艺术化的教学环境

华德福的教师认为艺术化的教学方式离不开艺术化的环境。墙上的装饰、建筑的色彩、教师的站立、动作、说话的方式，户外花园的植物都应该按照审美的思考来安排。建筑材料如地板、墙壁、家具要有良好的视觉与触觉感受，多制造和采用柔和的氛围、声音、颜色、材质，尤其是大自然素材，如由森林中的木块磨成的积木、由老师和家长自制的玩偶以及针线、贝壳、石头、松果等。华德福幼儿教育认为自然的环境和自然的玩具能使儿童集中注意力、舒缓心情。

3. 教师和家长的角色

在华德福幼儿园，幼儿是课程的中心，教师尊重幼儿，不会强迫或替代幼儿作出决定。在课程的实施中教师充当着多重角色。首先，教师是观察者。当儿童在教室活动的时候，比起参与活动，教师更重要的任务是仔细观察儿童。华德福教师的一项重要职责是了解每名儿童，而这往往是通过与家长密切联系和沟通完成的。正是通过对每名儿童独特个性的深入了解，华德福教师才能够支持每名儿童的成长，尊重每名儿童的个性。其次，教师是引导者。华德福幼儿园的教师不会使用刺耳尖锐的声音或者大的动作，而是始终保持和谐宁静的环境，努力用艺术化的方式引导儿童。华德福教师在扮演环境创造者和示范者的角色时，会深思熟虑，谨慎对待自己的一切行为，并随时关注儿童的需要。最后，教师还是理想的家长。华德福教师会经常开展类似家庭生活的活动，如园艺、烘培、做木工等，并与幼儿进行有意义的互动。

华德福的家长则是课程的支持者、参与者和课程向家庭延伸的实践者。在华德福的一些课程活动中，家长还是课程的直接参与者。比如在中国的华德福幼儿园，教师和家长经常带领幼儿一起组织中秋、冬至等节日活动，一起做月饼、包汤圆等。

在华德福幼儿园，尤其重视教师和家长的联系，家庭和幼儿园具有协同性。这两处获得的经验对幼儿有重要的意义，能够建立并维持孩子的安全感，使孩子的学习和生活具有一种连续性，有助于幼儿内在秩序的形成。

六　课程评价

华德福课程为避免考试分数和过度竞争所带来的不利影响，营造自由、宽松的学习环境，教师往往采用多元化的评价方式对幼儿展开全方位的评价。教师们会在日常生活中各个方面对幼儿进行观察与记录，并在每月一次的家长会上同家长相互交流，让幼儿彰显个性，认识自我，实现特殊潜能的最大化发展。

华德福课程具有百年实践历史，有其完整性、丰富性和独特性。它基于对孩子天性的理解和把握，以孩子意识发展为线索，从身、心、灵三方面给予孩子适时的、全面的教育。华德福课程为幼儿教育提供了一种新的方向，对幼儿园教师的发展以及家长对幼儿的培养都有着极其重要的意义。

任务五　陈鹤琴五指活动课程

微课：陈鹤琴
五指活动课程

五指活动课程由我国著名幼儿教育家陈鹤琴先生创编。"五指活动课程"之名，源于陈鹤琴先生对自己所创编的幼儿园课程特点的形象比喻。"五指"隐喻该课程内容由五方面组成，但内容又以整体、贯通的方式联结起来，正如人的五根手指，相互独立却又共联于手掌。五指活动课程是基于我国实践构建的一套适合中国儿童发展的课程理论，是幼儿园课程本土化的生动实践，对我国幼儿园课程改革与建设具有借鉴及指导意义。

一　课程设计背景

20世纪20年代初，我国幼儿教育主要照搬外国的模式，基本没有中国特色。在这种大背景下，我国的幼稚园课程非常混乱，种类众多。有教会的幼稚园宗教课程，有蒙养院的日本式课程，有美国式的儿童本位的经验型课程，也有蒙台梭利、福禄贝尔课程。陈鹤琴认为这些课程实践既不符合中国国情，也不符合儿童身心发展的特点和需要。于是，1923年他在南京创办了我国最早的幼儿教育实验中心——鼓楼幼稚园，提倡办中国化的幼儿教育，并进行了重点课程实验。

1924年，陈鹤琴在《现今幼稚教育之弊病》一文中提出："我们中国的幼稚园大抵是抄袭外人的，而外人的幼稚园已时有改进，但我们还是墨守成规，不知改良，以致陈旧腐败不堪闻问了。"他认为我国幼儿园教育存在有四种弊病。第一，与环境接触太少，在游戏室的空间太多；第二，功课太简单；第三，团体动作太多；第四，没有具体目标。为此，他针对当时的幼儿园教育进行了深入的观察，并进行了全面的思考。根据陶行知批判旧教育"教死书，死教书，教书死；读死书，死读书，读书死"的说法，从正面提出"教活书，活教书，教书活；读活书，活读书，读书活"的口号，并形成了"活教育"理论。

依据活教育的课程观，陈鹤琴提出"幼稚园的课程可以以自然、社会为中心"进行选择，包括五类活动：健康活动、社会活动、科学活动、艺术活动、文学活动。这五类活动就是"五指活动课程"的五个手指，是一个互相联系的整体，有组织、有系统地在儿童的生活中结成一个教育的网。五指活动课程是陈鹤琴先生费一生心血所创建的课程理论体系，帮助我国幼儿园教育从模仿西方的步调中摆脱出来，现在依然从不同角度启迪着我们园本课程的建构与发展。

 **拓展阅读**

《现今幼稚教育之弊病》（节选）

小孩子生来是无知无识的，没有什么能力。后来与环境、社会相接触始渐渐地稍有知识，有能力了。他与环境和社会相接触的机会愈多，他的知识愈丰富，他的能力也愈充分。倘使我们不给他玩弄沙土，他断不会知道沙土的性质；倘使我们不让他与猫狗等动物相接触，他哪里会知道猫狗等动物的生活；倘使我们不带他到街上去观察人们的生活，他哪里会晓得民生的艰难；倘使他没有别的小孩子作伴侣，他哪里能够学得做人的道理。

有一天，我问一个6岁的小孩子："你曾看见过松鼠吗？"她说："看见过的。"我再问她："有多大？"她举起两手的食指来在空中摆着，两指相距约两寸许，回答说："这样大。"我说："你在什么地方看见的？"她说："在书上。"她就把一本油印的读本拿来给我看，图中那只松鼠画得非驴非马，不像一只松鼠。

你看这个小孩子完全得了一种谬误的观念。她看了这种书上的死图，就得了这种谬误观念。要知道图是代表事物的，不能当作事物的。若要教小孩子知道松鼠这样的动物，我们最好带领他到树木中去看活松鼠，次之把松鼠拿了来给小孩看，务使他们得到一种正确观念。

总而言之，小孩子的知识是由经验得来的。所接触的环境愈广，所得的知识当然愈多。所以我们要使小孩与环境有充分的接触。这样说来，我们不应把幼稚园的儿童关在游戏室内，使他们与外界和环境不发生直接的接触。

二　课程理论基础与理念

五指活动课程的创建来源于陈鹤琴先生的"活教育"理论。"活教育"是陈鹤琴针对旧教育提出的一种教育倡议。当时的旧教育注重灌输知识，压制儿童的主体性、积极性，禁锢儿童的思想，陈鹤琴将其归纳为"死"的教育。他主张摧毁旧教育的枷锁，用"活教育"发挥儿童的主观能动性，在充分认识儿童心理的基础上帮助儿童探索周围环境。那什么是"活教育"理论呢？可以从活教育的目的、活教育的课程、活教育的方法三部分深入了解。

（一）活教育的目的

陈鹤琴明确提出："活教育的目的就是在做人，做中国人，做现代中国人。"他以"做人"为基点，把教育目的划分为依次递进的三个层次。"做人"是一般意义上的人，无论国籍和肤色，都要做一个热爱生命的人、具有正确价值观的客观的人。"做中国人"是具有民族特征的定义，在特定的历史时期，对教育目标提出的要求，不仅要做中国人，还要做现代中国人。陈鹤琴认为，做现代中国人具有五个特征，分别是健全的身体、自动的能力、创造的思想、生产的技术、服务的精神。

（二）活教育的课程

针对死教育书本万能、课程固定的弊端，陈鹤琴提出"大自然、大社会都是活教材"的观点。他认为，大自然、大社会才是活的书、直接的书，应该向大自然、大社会学习。

活教育的课程特点：①以大自然、大社会作主要的教材，以课本作参考资料，这是直接的活的知识，是直接的经验。②各科混合或互相关联。③不受时间的限制，没有分节的时间表，时间为功课所支配。④内容丰富。⑤生气勃勃。⑥儿童自己做的。⑦整个的，有目标的。⑧有意义的。⑨儿童了解的。

（三）活教育的方法

"做中教，做中学，做中求进步"是活教育的教学方法。陈鹤琴认为，只有经过自己动手用脑所获得的知识，才是真知识，才是有用的知识。为了培养现代中国人，就要以"做"为起点。这里的"做"聚焦了两个点，一是注重儿童学习过程的主体地位；二是关注儿童的直接经验获取。那么到底怎样"做"呢？活教育将教学过程分为四个步骤来指导"做"，即实验观察、阅读参考、发表创作、批评研讨。

（1）实验观察。从孩子身边发生的事情或教学内容中儿童感兴趣的问题入手，儿童通过动手动脑、观察试验，从中发现问题。

（2）阅读参考。教师指导儿童带着问题认真阅读教科书、找参考资料、访问调查、做实验，鼓励儿童研究问题、寻找答案。

（3）发表创作。通过各种形式的活动，如表演会、展览等，展示幼儿取得的成果。

（4）批评研讨。让儿童自己总结、自己评估，检查自己在前三个阶段所学的知识是否正确、牢固，能否融会贯通、灵活运用，有无创造性。

这四个步骤旨在培养孩子的自动研究的精神、创造能力和独立活动能力，明确了教师的责任是引发、供给、指导、欣赏，体现了儿童的主体地位和教师的指导作用。因此"活教育"的方法论体现了主动学习、发现学习的过程。

三　课程目标

依据活教育理论"做现代中国人"的教育目的，五指活动课程目标以"做人"为核心，其目的在于发展儿童的心智和身体。具体的课程目标有四方面：

①做人。要有合作的精神，同情心和服务的精神。

②身体。有健康的体格、卫生习惯和相当的运动技能。

③智力。有研究的态度、充分的知识和表意的能力。

④情绪。能欣赏自然和艺术美，快乐，打消惧怕。

四　课程内容

五指活动课程的课程内容包括五个方面：

①健康活动：包括饮食、睡眠、早操、游戏、户外活动、散步等。

②社会活动：包括朝夕会、周会、纪念日集会、每天的谈话（单元研讨）以及社会常识等。

③科学活动：包括植物的培植，动物的饲养，自然现象的研讨，当地自然环境的认识等。

④艺术活动：包括音乐（唱歌、节奏、欣赏），图画，手工等。

⑤文学活动：包括故事、儿歌、谜语、读法等。

幼稚生生活历

陈鹤琴、张宗麟和鼓楼幼稚园教师们对江南一带所拥有的社会现象和自然现象按月进行了汇总，制作了幼稚生一年的生活历（表7-5），其中涵括了当时鼓楼幼儿园预计开展的一年的课程内容。

表 7-5　幼稚生生活历

月份 \ 活动	节期	气候	动物	植物（花草）	农事	儿童玩耍	风俗	儿童卫生
一	元旦	冰、雪、西北风	金鱼、鸽子	芽、腊梅	葱、韭、胡萝卜等	新年锣鼓	新年礼	冻疮、伤风
二	立春、旧历新年	冰、雪融化、东风	猫、鼠、狗	水仙、葱、大蒜	菜、麦地、锄草	迎灯、放爆竹	迎春	伤食、曝日寒
三	中山先生周期纪念、黄花岗烈士纪念、百花节（阴历二月十二日）	春分	燕子、蜜蜂	梅花、嫩叶、兰	孵小鸡	放鹞子	赛会	喉症
四	清明节	春雨	蝴蝶、蚕	桃花、笋、桑、豆花	种瓜、做豆腐	斗草	扫墓	牛痘
五	国耻、岳飞诞辰	换季	蚌、黄莺	蔷薇、野生植物	收麦、布谷、养蚕	草地跳跃、翻跟头	竞渡	灭蚊蝇卵
六	立夏、端午	黄梅雨	萤火虫、牵牛虫	石榴、牡丹	插秧、除草（耘）	寻贝壳	送礼（？）	洗澡
七	暑伏	雷雨、虹、大热	蝉、虾蟆	荷花、牵牛花	收瓜	寻藏	丧葬（？）	受暑
八	立秋、林则徐禁烟	流星、凉风、露	蟋蟀、纺织娘	茑萝松、凤仙、鸡冠花	种荞麦、收稻	车子	乞巧	受凉、疟疾
九	中秋、孔子诞辰	明月、大潮、秋风	蜗牛、蚌	菱、桂花	收山芋、玉蜀黍、棉花	滚铁环、旅行	赏月、观潮	痢疾
十	国庆、重阳节	换季	蟹、虾	菊花	种豆、麦、拔萝卜等	旅行、踢毽子、赛果子	登高	眼疾
十一	中山先生诞辰	露、霜	蜱虫、鹰、鸭	红叶、野草	耕田、收白菜、做各种腌腊货	赛果子、跳绳	做寿（？）结婚（？）	感冒
十二	蔡锷恢复中华共和；大除夕	西北风、冬至	羊、牛、麻雀	月季、干草	修理农具、修茅屋	踢球、拍球	腊八	皲裂、冻疮

五　课程组织与实施

陈鹤琴先生致力于中国化幼稚教育的探索及实验研究工作，在南京鼓楼幼儿园进行了三期课程试验。通过不断反思与改进，逐渐明确了课程组织与实施的方向——整个教学法。

整个教学法是把儿童所应该学的东西整个地、有系统地去教给儿童。这种教学法把各类课程内容打成一片，没有规定时间统一学习。整个教学法主张根据儿童的生活、儿童的心理，以自然环境、社会环境为中心，选择儿童感兴趣且又适合学的物和事作为主题，融合五大课程内容形成整体。

幼教案例

龟兔赛跑

根据《龟兔赛跑》的故事，运用整个教学法开展该活动的环节如下：

环节一：先以实物引起儿童的兴趣——教师须预备一只乌龟、一只或两只兔子。

环节二：研究龟兔的生理特点……（自然常识）

环节三：讲《龟兔赛跑》的故事，若儿童有别的故事也可以选讲。讲故事的时候用挂图，须放大且着色，以引起儿童的兴趣。

环节四：故事讲完后，教师可以将各种手工图、剪贴图、描画图、拼图、排列图、着色图、穿线图，一种一种地拿出来，给儿童拼看。

环节五：表演。儿童可以把这个故事表演一下。

环节六：画图。可以叫儿童把这个故事画出来。

环节七：课文。课文以绘本为宜。

通过这个案例，我们可以看出整个教学法在实施过程中是有系统、有组织的，是合乎儿童心理、需要儿童处处参与的。同时，可以发现"龟兔赛跑"这个主题融合了艺术活动、文学活动、科学活动等课程内容，将"五指"结成了一个教育网。

六　课程评价

陈鹤琴认为，幼儿园应当有可以随时考察儿童学习成绩的标准，虽然标准编制起来很麻烦，需要耗费大量的时间，考察的过程也很烦琐，但它也是非常重要、必不可少的。因为只有知道幼儿的学习状况，才可以实施适宜的教育，使他们各自都得到适宜的发展。不同的活动还应根据活动的特点构建不同的评价标准。考察品行，就要有品行的标准；检验技能，就要有技能的标准。

微课：张雪门的
行为课程

任务六　张雪门的行为课程

 一　课程设计背景

20 世纪初，中国正处于新旧社会交替的历史转折时期，在新文化运动的影响之下，中国在教育上也开始摆脱封建的旧传统、旧道德、旧礼教的束缚，逐步走向了现代化的道路。在那个时期，国外各种文化潮流与大量的教育思想涌入中国。张雪门受西方教育理论的影响，在当时社会历史背景的推动下，开始探寻一条适合中国国情的幼儿园教育之路，并于 1931 年开始了行为课程的研究。他刻苦学习杜威等人的教育理论，立足于中国国情进行课程实验，经过多年的实践和研究，出版了《增订幼稚园行为课程》一书，行为课程理论体系初步形成。

二　课程理论基础与理念

（一）行为课程的理论基础

1. 实用主义教育哲学

以杜威为代表的实用主义教育思想是影响张雪门行为课程理论形成的基石之一。杜威认为"教育即生活""教育即生长""教育即经验"是教育的本质，课程应为生活作准备，主张教育以"儿童为中心"，在"做中学"的学习方法。张雪门行为课程的"从生活而来，从生活而开展，也从生活而结束"正是借鉴了实用主义教育思想重视儿童的主体地位和注重生活的观点，把课程符合儿童身心发展的规律作为一条基本原则。

2. 行为主义心理学

行为主义心理学主张对"行为"的研究，提出环境是影响人行为的重要因素，应重视控制和培养人的行为习惯。张雪门早期课程的编制深受行为心理学的影响，在创编行为课程理论时采纳了行为主义心理学的一些基本理论和观点。在他的行为课程中提出课程实施的主要手段是儿童的"行动"，应重视外部环境对儿童的刺激作用，强调运用自然和社会的环境开展儿童活动。

3. 中国传统教育思想

张雪门深受中国传统教育思想的影响，其中就包括王阳明的"知是行之始，行者知之成"

的哲学思想。行为课程中强调儿童"行动"的观点就是继承和发展了王明阳"知行合一"这一哲学思想。

（二）行为课程的基本理念

张雪门在《增订幼稚园行为课程》一书中首次阐明了什么是行为课程："生活就是教育，五六岁的孩子们在幼稚园生活的实践，就是行为课程。"由此可见，"生活"和"行动"是行为课程的基本要素和核心内容，行为课程是"以生活为基础，以行动为中心"的课程体系。

1. 以"生活为基础"

张雪门的行为课程认为"生活就是教育"，把"生活"作为理论建构的基点，让生活融入幼儿园教育中，实现幼儿园课程生活化。正如他所说的："课程完全根据生活，它从生活而来，从生活而开展，也从生活而结束。"

下面节选了张雪门在某一年编制的三月份至五月份的课程单元内容（表7-6），这份单元计划中精心筛选了自然生活和社会生活中有教育价值的素材作为单元课程内容，通过这份计划可以直观地感受到行为课程中以"生活为基础"这一课程理念。

表7-6　三月份至五月份课程单元内容节选

设计的大中心	分设计	分设计中的设计
苏醒的时光	冰化雪、风移向，阳光，春雨，惊蛰	
花潮	替百花做生日，选每月的花代表	
春日动植物的改变	春天的植物	移树、接木，种草，收菜籽，培植野花，秋麦，豆稻
	春日的昆虫	养虫子，蝴蝶，蜜蜂，做标本，割蜜，调制红玫瑰酱
	春日的小鸟	候鸟（雁、燕），养鸽子，看护受伤或失巢的小鸟
清明	制青团，扫墓，植毕业纪念林	
蚕	养蚕，参观缫丝厂，参观织机厂	

2. 以"行动为中心"

所谓"行动"就是"做"和"活动"，行为课程的要旨是以"行动为中心"，重视儿童的实际行动在课程实施中的重要价值，主张儿童通过实际行动与周围环境接触，使儿童获得直接的经验。张雪门认为："凡扫地、抹桌、熬糖、炒米花以及养鸡、养蚕、种玉黍和各种小花，能够实在行动的，都应让他们实际去行动。从行动中所得到的认识，才是真实的知识；从行动中所发生的困难，才是真实的问题；从行动中所获得的胜利，才是真实的制驭环境的能力。"

三 课程目标

行为课程的目标是课程运用的"指南针"和"方向盘"。张雪门经过对儿童身心发展的特点、社会环境等方面深入的研究，提出："我们幼稚教育的目的应完全以儿童为本位，成就儿童在该时期内身心的发展，并培养其获得经验的根本习惯，以适应环境。"具体而言，张雪门提出行为课程的目标如下：

①满足儿童身心发展的需要。

②养成儿童"改造旧经验，扩充新经验"的方法和习惯。

③培养其生活的能力与意识，从而使儿童的身心得到全面的发展。

四 课程内容

张雪门把行为课程的内容称之为"教材"，他说："儿童到幼稚园要学些什么？幼稚园教师须教些什么？教和学又是怎样地联络起来？这三个问题就是幼稚园教材研究的中心。"张雪门所指的"教材"与传统教材观念有所不同，是指"儿童生活的经验"，他反对把教材作为科目，认为手工、美术、音乐、常识、言语、故事、游戏和算术只是"教材"的种类。而"教材"的内容很广，应从儿童的生活中搜集、选择和组织材料。概括而言，行为课程的内容可分为以下三个方面：

①儿童在自身发展中所主动进行的一切活动。

②儿童在周围生活中与自然界一切有关的事物和知识，如动物、植物、风雨雷电、儿童参与各种自然现象的活动等。

③儿童与现在社会和未来社会有关的所有知识，如家庭、各种职业、商店、医院等。

五 课程的组织与实施

（一）课程的组织

1. 课程组织的特点

课程是整体的。张雪门主张教育的整体原则，他认为儿童生活经验是一个整体，幼稚园的课程不能像中小学及大学那样进行分科教学，而应是"一种具体的整个活动"。

注重儿童的个体发展。每个儿童不仅在生理上与成人存在差异，而且在心理上也存在着差异，课程的组织要重视儿童身心发展的特点，应适合儿童个体发展的需要。

注重儿童的直接经验。张雪门认为，儿童的学习与成人有所不同，需要通过直接经验的获得而实现。幼稚园课程应让儿童与环境充分接触，从行动中获得直接经验。

2. 行为课程组织的标准

张雪门在《中国幼稚园课程研究》一书中，提出课程组织的标准："各种组织既应该是有目的、有计划的活动，要求教师在课程实施前有一定的预设，事前有准备，事发有组织。又要求幼稚园课程顺序和儿童的生活相联络，以儿童的行动为中心，须合于儿童的经验能力和兴趣，须使儿童有自由发展创作的机会。"

（二）行为课程的实施

1. 行为课程实施的原则

①课程的内容应在儿童的生活中取材。

②课程虽然来源于儿童的自然行为，但是仍然需要经过精心的挑选。

③课程虽然源于劳动行为，但是在实施的过程中必须做到用心用力。

2. 行为课程实施的方法

张雪门反对对儿童灌输抽象的"死知识"，认为儿童应通过"行动"进行学习，在"做中学"，要求重视儿童的实际行动在课程实施中的作用。为了保证课程实施中"行为"的价值，张雪门引进了美国设计教学法，经过不断的实验和改进，最后确立了运用设计教学法拟订行为课程计划，并采用单元教学来进行的课程方式。具体包括动机、目的、活动、活动过程、应用工具及材料五个项目。

①动机。任何课程要想取得良好的效果，首先必须激发幼儿的动机。动机来源于两方面，一方面是幼儿的内部需要而产生的动机，即基于幼儿自身的好奇心和探索欲而主动引起的，比如春天旅行引起了幼儿移种野花的动机。另一方面是教师引起的动机，即教师根据活动目的，充分创设充满探究性的环境激发幼儿活动的积极性或利用相关设备来引发动机或利用故事图画等言语来引发。这一部分属于导入阶段，是行为课程顺利进行的保证。

②目的。目的是教师希望幼儿在行为中所获得的功效，并不是幼儿自身行为的目的。其包括知识、技能、兴趣、情感态度等。以种植物为例，不仅可以引导幼儿研究植物的形态、生长环境以及照料方法，还可以使他们明白自然和人类的关系。

③活动。在这里所说的活动主要包括人物、地点和时间的分配以及整个活动的横面、纵面估量。在幼稚园组织课程时，对于活动以及人数的分配，仅需要一种简单轮廓的估量。但到具体的行为实践时，必须要落实到每日计划才能切合事实需求，使之有自我发表和自由创作的机会。

④活动过程。这一部分主要注重解决活动如何开始、如何展开、如何结束的问题。需要强调的是，行为课程可以包括各学科的设计过程，但绝不能把各学科设计的过程简单组合构成行

为课程。

⑤应用工具及材料。在活动过程中会用到各种材料，因此在活动开始前应根据环节设置做好充分的准备，进而让活动具体而且形象、生动地展开。

六　课程评价

张雪门虽然没有列出详细的评价指标，却粗略地谈及了课程实施后四个方面的评价内容：

1. 对幼童的行为应有检讨

张雪门认为，行动结束接着更需反思。不论做得好做得坏，都应像审判一样来考查。幼童检讨明白了好或坏的所在和好或坏的原因，才能将成功失败的原因组织在自己的经验中，更可以加强下次活动趋避的倾向，所以教师在整个活动结束的时候，应该对全体有一个总检讨。

2. 对幼童行为应有继续的注意

幼儿行为虽然不如成人的持久，但其过程实际上差不多。只要教师能随时留心观察，就会发现前一行动便是后一行动的动机；比如幼儿听故事后去角色区开展表演，从表演又延伸至搭剧院。

3. 对幼童行为应有记录

张雪门认为，教师应该按着次序，把幼儿每天重要的动作都详细地记下来；这不但可以供将来考查，而且可以发现教师自己失败及成功的地方。这种记载，应当避免主观看法，保持客观性。

4. 对幼童行为经验应有估计

行为课程认为应在幼童每一种大单元活动结束以后，教师考查幼儿所获得的行为经验。这经验产生于大单元的活动中，可以根据事实，细心分析，然后再一一选出其价值。再把这些价值综合起来和之前预定的目标作一个对照，了解行动过程中所获得的真实成绩。

行为课程不仅借鉴了杜威实用主义、行为主义等西方先进教育思想，也传承了中国传统文化。行为课程以儿童为主体，儿童通过"生活教育"在"行动"中进行学习，重视经验的获得，是一套遵循儿童身心发展的规律，符合社会需要、具有中国本土特色的幼儿园课程体系。行为课程是张雪门一生实践与智慧的结晶，对我国当今的幼儿园课程发展和变革有跨时代的意义，而且对于幼儿教师的培养方式影响深远。

微课：安吉
游戏课程

任务七　安吉游戏课程

安吉游戏起源于浙江的一个小县城——安吉县。安吉游戏课程是程雪琴基于安吉县的教育生态，改革探索出的一场以"让游戏点亮儿童的生命"为信念的游戏革命。安吉游戏的实践形式给国内学前教育带来全新视角、深刻变革。教育部在 2017 将"游戏点亮童年"作为全国学前教育宣传月主题，推动各地学习和推广安吉游戏经验；在 2021 年，将"实施'安吉游戏'推广计划，推进科学保教"列为教育部 2021 年工作要点。经过 20 年的厚积薄发，安吉游戏已走向世界，正影响着世界学前教育的发展，给不同国家、不同种族的儿童带来欢乐。

一　课程设计背景

安吉游戏的产生历经 20 年的探索历程。程雪琴认为，这场"把游戏权利还给儿童"的革命，是一个长期的反思性教育实践过程。安吉幼教人不断破旧立新，重新认识和探索玩具材料、游戏环境、幼儿学习、师幼关系、家园社区关系等，自下而上地建构了"儿童在前、教师在后"，涵盖幼儿园生活各个方面的完整课程。安吉游戏的产生主要经历了三个阶段："无游戏"阶段、"假游戏"阶段、"真游戏"阶段。

（一）"无游戏"阶段

20 世纪八九十年代，针对办园条件差、游戏材料缺乏的情况，安吉幼教人开始利用当地丰富的竹资源开发设计玩教具，并在日常生活中挖掘游戏材料。玩教具的量虽然上去了，但是教育观念却没有从根本上改变，教师们为了制作玩教具而制作，并未真正考虑其真实用途，导致大量材料没有得到充分的利用，成为摆设。直到 2000 年，安吉大部分幼儿园都处于"无游戏"状态，幼儿园教育主要内容以迎合家长需求的教幼儿识字、拼音为主，部分幼儿教师也开始产生职业倦怠。

（二）"假游戏"阶段

2001 年，《幼儿园教育指导纲要（试行）》颁布，安吉县作为《幼儿园教育指导纲要（试行）》试点县，开始了去小学化、开展区域活动、实行多样化教学等一系列改革。教师开始关注让"儿童怎么玩"，为儿童设计游戏和玩法。在这个阶段，儿童只是"客串的演员"，并不是活动的主体，他们的脸上也看不到喜悦与自信。但教师却为了设计游戏和玩法绞尽脑汁、筋疲力竭。程雪琴团队通过反思发现，这样的幼儿园课程改革仍没有从根本上实现儿童发展、教师成长、家长与社区共同支持的改革目标。

（三）"真游戏"阶段

程雪琴秉承"游戏是儿童的天性"这一教育理念，将"放手游戏、发现儿童"作为追寻学前教育真谛的逻辑起点。2007 年，程雪琴做了大量关于游戏的访谈工作，并发现好的游戏都具有一定的共同特征：没有成人干预、大多发生在户外、自己和伙伴们想怎么玩就怎么玩。于是，她号召全县的教师"让游戏点亮儿童的生命"。程雪琴将课程改革和教师成长紧密结合、分步实施，将观察与解读儿童的能力作为教师的核心素养，将游戏作为培养这一核心素养的重要途径，用最大程度的自由和最小程度的干预来实现解放儿童的目标，开启一场把游戏权利归还给儿童的"真游戏"革命，并不断寻找幼儿教师的专业定位。安吉游戏正式步入了"真游戏"阶段。

安吉游戏在不断反思的过程中，陆续突破了形式主义和功利主义，充分发挥了幼儿的本性和兴趣，展示出了当代本土化游戏实验经验，是中国幼教改革的一个里程碑。

二　课程理论基础与理念

在安吉游戏的实践过程中，教师首先充分相信儿童、尊重儿童，肯定儿童的无限潜能。其次，教师也相信"真游戏"，认为"真游戏"就是真学习。安吉游戏就是通过自由自主的游戏使儿童获得身心体验，获得人格、能力的发展。程雪琴用五个关键词阐述了安吉游戏的核心理念：爱、冒险、喜悦、投入、反思。

（一）爱

安吉幼教人将爱视为儿童学习和发展的真正条件，并构建了一个以爱为基础的生态体系。爱体现在成人与儿童、儿童与儿童、儿童与环境的关系上。爱让成人与儿童建立起良好的信任关系，成人充分信任、尊重、支持儿童，儿童才有安全感、有自信。安吉游戏中，教师不干预或责备幼儿，只在有需要时提供帮助，这充分给予儿童积极探索、发现和成长的空间。比如幼儿在涂鸦时，有爱的教师会抛开"弄脏弄乱"的焦虑，认真观察儿童对颜料的探索，并帮助儿童构建新经验。在安吉幼儿园，爱影响每一名儿童、教师、家长和社区成员。

（二）冒险

在安吉这个充满爱的生态体系中，儿童是自信的、乐于探索的、善于思考如何解决问题的。每个儿童都会突破自己的极限去追求未知，解决自己的困难，这就是安吉游戏的冒险精神。安吉幼教人在现场观察并支持儿童的探索，但不干涉、干预或指导。程雪琴认为，冒险的游戏可让儿童全身心投入其中，学会坚持目标，忍受挫折，控制冲动，欣赏自我。

（三）喜悦

喜悦是儿童自主游戏、成长的情感体现，也是安吉的幼教工作者评估每日课程质量的标准之一。程雪琴说："没有喜悦的游戏不可能是'真游戏'。"当儿童真正投入游戏，在探究和发现中获得价值感、获得感、自我认同感时，儿童会不断体验"哇！我做到了"的喜悦。喜悦的形式是多样的，孩子可以用言语、行动、态度和其他表达方式来传递。

（四）投入

安吉教师秉承"最大程度的放手，最小程度的介入"的教育观，赋予儿童最大程度的自由，让儿童能够充分探索、体验周围世界。让儿童的身体、认知、情感都充分参与由他们自己掌控的游戏中。

（五）反思

"反思是检验儿童'真游戏'的一面镜子。"程雪琴认为，在"真游戏"中，儿童会以大量的反思来建构自己的经验。在教师、家长、材料和环境的支持下，儿童每天有机会以多种方式表达他们在一日生活中的经验，并反思自己的经历，获得新的经验。

三　课程目标

安吉教师并没有编制一套自己的园本课程的目标，而是既参照了《3—6岁儿童学习与发展指南》中提出的32条目标和五大领域中关于幼儿发展典型行为的表述，又对照了学者们研究的五大领域核心经验，将它们作为确定"安吉游戏"课程目标的依据。他们认为，《3—6岁儿童学习与发展指南》是众多专家进行大量文献研究和检验后形成的成果，其中的32条目标足以给予方向性的指引。此外，安吉的教师认为应该突破传统课程目标的限制，不分解目标层级。传统的课程目标设置会从总目标开始，按领域、年龄、阶段将目标层层分解，比如从学年目标、学期目标一直分解到具体的活动目标。安吉的教师认为，这些层级性的目标会让教师的教学有急功近利的倾向，并制约教师教学的灵活性。因此，安吉游戏课程没有分解目标层级，即没有把目标与幼儿的年龄直接对应。每个教师人手一本《3—6岁儿童学习与发展指南》和一份有关五大领域核心经验的复印资料，便于教师随时将课程的目标和内容蕴含在环境中。幼儿在这个有准备的环境中所习得的经验，就是教师想让幼儿学习的课程内容，教师也可据此观察与解读幼儿的发展状态。

四　课程内容

安吉游戏课程主要通过日常生活中的惯例活动来实施，每日的惯例活动有天气观察与记录、植物观察与记录、户外自主游戏、游戏故事表征、生成的集体教学活动、室内自主活动、音乐律动、睡前故事等。除此之外，还有每周的惯例活动，如师幼共读，每学期的惯例活动，如传统节日活动、节庆活动等，以及每学年的惯例活动，如运动会、社区活动等。各种惯例活动承载了全部的课程内容。

五　课程的组织与实施

安吉的教师秉承了"一日生活皆课程"的大课程观。他们认为，幼儿自己的生活即课程，幼儿真实的游戏体验即课程，幼儿与环境的互动即课程，以及幼儿能接触到的幼儿园装备即课程。他们相信，如果想让幼儿获得什么经验，只需结合课程的目标和内容，通过创设相应的环境、投放相应的材料、提供相应的机会，幼儿就能自然习得。我们将从环境创设、教师角色两方面理解安吉游戏课程的实施。

1. 环境创设

《3—6岁儿童学习与发展指南》中指出，要珍视游戏和生活独特价值，最大限度地支持和满足幼儿通过直接感知、实际操作和亲身体验获取经验的需要。安吉的教师在经历了"假游戏"阶段后，渐渐发现教师设计的玩法越多，幼儿自主的空间就越小；材料的观赏性越强，幼儿的参与度就越低；材料更换越频繁，幼儿的创造机会就越少。于是，安吉游戏课程开始投放大量低结构、无结构的材料，让幼儿自发自主地发挥材料的多样化功能。最能体现安吉户外游戏特色的是梯子、积木、木板、太空木箱、滚筒等材料（图7-4，图7-5）。

图 7-4　太空木箱

图 7-5　滚筒

程雪琴认为，能满足幼儿需求的游戏材料具有以下两个特征：第一，有无限的组合，幼儿可以边玩边设计，游戏的自主权得以充分保证。第二，源自生活，正因为游戏材料保留了生活中的原有尺寸，所以幼儿可以进入自己建构的游戏场景，玩自己设计的玩具，满足自己的游戏意愿。

2. 教师角色

安吉游戏课程对于教师的角色定义明晰而坚定——"儿童在前，教师在后""最大程度的放手，最小程度的介入"。安吉游戏反对幼儿教师的过度干预，强调以幼儿需要为中心，要求教师在游戏中观察、理解、支持、帮助幼儿。这看似是一种弱干预，实际上是教师充分观察儿童、信任儿童、研究儿童、理解儿童和支持儿童的体现。

"闭住嘴、管住手、睁大眼、竖起耳。"是程雪琴对安吉教师提出的要求。看似简单的14个字，真正要落实却很难。"闭上嘴、管住手"，就是要求教师做到最大程度的放手和最小程度的介入。"睁大眼"是要求教师全神贯注地观察儿童在游戏中做了什么。"竖起耳"是要求教师高度集中注意力，聆听儿童在游戏中说了什么，以减少对儿童游戏行为的主观判断。

幼教案例

游戏后王老师与阅阅一对一的倾听和记录

阅阅："我一开始用1个滚筒推动3个滚筒，后来我想推动4个滚筒，4个比3个难推一点。推3个滚筒的时候，我只要与前面的滚筒稍微拉开一点距离，前面的滚筒就会被推动。推4个的话就要让我脚下的滚筒离前面4个滚筒更远一点，然后加快速度撞击前面的滚筒。也就是说，远一点就可以厉害一点。"

师："'远一点就可以厉害一点'是什么意思呢？"

阅阅："开始距离没有很远，后来在推4个滚筒时，我发现距离远一点可以多向前推动一点。再后来我尝试离得更远了，远一点撞击的力量就大，只有一点点远是没有办法用很快的速度撞击的。"

师："这是为什么呢？"

阅阅："太近没有办法加速，远一点就可以站在滚筒上面加速，就会跑得很快，跟跑步起跑那样快。"

在这个案例中，王老师除了在游戏现场观察阅阅（个人）用一个滚筒推动多个滚筒的探究过程，还通过一对一倾听和记录，了解到阅阅游戏行为背后对增加滚筒个数与增加游戏难度、加大距离与加大撞击力等关系的思考。这些发现让教师对儿童游戏的价值有了进一步认识，发现游戏中的学习无处不在，使教师改变了对儿童的固有看法。

六　课程评价

　　安吉游戏课程的评价是努力使教师在课程实施过程中自然地进行自我监控。课程实施的效果主要体现在幼儿的发展状态上，而对幼儿发展状态的评价就是教师对幼儿行为的日常观察与解读。每个教师都是评价者和监控者，因为幼儿的发展状态在游戏的表现性评价中是自然外显的。游戏材料就是表现性评价的工具，每个班级每个幼儿在每月、每周、每天作用于同样的环境和材料时，所表现出的发展水平非常清晰。通过观察、教研和案例分享，每个教师不仅能比较出自己班级幼儿的个体差异，还能清晰地比较出自己班级与其他班级幼儿的发展状态。

考点聚焦

[考点梳理]

　　本单元知识在历年教师资格考试中多有涉及，且多以选择题题型出现，需要应考者能掌握各类幼儿园课程案例的理论基础，熟悉各案例的编制方案。

答案解析

[真题演练]

单项选择题

1.（2017年下半年）下列说法中属于蒙台梭利教育观点的是（　　）。

A. 注重感官教育

B. 注重集体教学的作用

C. 重视恩物的使用

D. 通过游戏使自由与纪律相协调

2.（2020年上半年）五指活动中课程内容的组织方法为（　　）。

A. 单元教学法　　　　　　　　　B. 分科教学法

C. 方案教学法　　　　　　　　　D. 作业教学法

3.（2019年下半年）实现高瞻课程主动学习的核心内容是（　　）。

A. 作业教学　　　　　　　　　　B. "计划—工作—回顾"

C. 成人鹰架　　　　　　　　　　D. "自发—反应型"教学

4.（2022年上半年）张雪门指出行为课程的要旨是以_____为中心，以设计为过程（　　）。

A. 计划　　　　　　　　B. 经验

C. 行为　　　　　　　　D. 生活

5.（2021 年下半年）张雪门引进美国的设计教学法不包括（　　　）。

A. 动机 B. 目的

C. 活动 D. 结果

思考与练习

参考答案

1. 简要说明蒙台梭利所说的"工作"具有哪些特征。

2. 简要说明什么是"课程鹰架"。

3. 瑞吉欧教育体系的基本观念包括哪些内容？

4. 在华德福课程中，教师和家长的角色是什么？

5. 陈鹤琴所说的"活教育"的目的是什么？

6. 张雪门的"行为课程"的基本要素和核心内容分别是什么？

7. 安吉游戏的产生经历了哪几个阶段？

单 元 八

幼儿园课程设计

 学习目标

素质目标

✦ 愿意结合实际情况综合采取不同的设计模式设计幼儿园课程。

✦ 形成科学合理的幼儿园课程设计价值取向。

知识目标

✦ 理解幼儿园课程设计的内涵。

✦ 理解幼儿园课程设计模式中目标模式、过程模式和实践模式的主要观点及优缺点。

✦ 掌握幼儿园课程设计三种取向的基本观点。

能力目标

✦ 能够结合案例分析幼儿园课程设计模式的优缺点。

✦ 能够结合幼儿园实际情况设计符合本园所的幼儿园课程方案。

单元导航

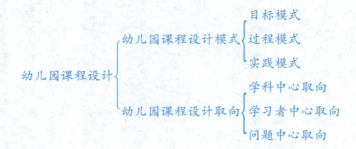

情境导入

　　某幼儿园引进的课程资源包中有一主题活动"奇妙的动物"，该课程内容主要是参观动物园，认识动物园中不同的动物及其习性。然而，由于园所地处乡镇，附近并无动物园，且幼儿的生活和社会经验多集中在乡村，根据这些情况，李老师于是将课程内容"认识动物园中不同的动物形象及其习性"改编成"认识农场中不同的动物形象及其习性"。在开展主题活动时，她带领幼儿们参观园所附近的农场，了解农场中常见的动物，观察其外形特征和生活习性，并进行探讨和归纳，幼儿们在这个过程中都收益颇丰。

　　李老师根据本园所的实际资源情况及幼儿的生活经验灵活地调整了适合幼儿的课程目标和内容，并获得了良好的效果。那么，在幼儿园课程的设计过程中，我们可以依据什么对课程的各种要素进行选择和决策以更好地对幼儿进行教育教学呢？

微课：幼儿园
课程设计模式

任务一　幼儿园课程设计模式

　　幼儿园课程设计即幼儿园根据一定的价值取向，结合园所的实际条件和课程资源状况，对课程目标、内容、组织实施、评价等进行设计，以指导幼儿园教育教学实践的过程。著名的课程设计模式主要有目标模式、过程模式和实践模式三种。

一　目标模式

　　20 世纪初，为应对经济大萧条导致的学校教育危机，美国进步教育协会率先发起了课程开发运动——"八年研究计划"。拉尔夫·泰勒（Ralph Tyler）作为计划的指导者在总结这一科学化课程开发运动经验的基础上，提出了课程开发的基本程序和方法，并于 1949 年出版了《课程与教学的基本原理》一书，系统地阐述了课程设计的基本程序、步骤和方法，创立了课程开发目标模式的经典形态"泰勒模式"。

（一）目标模式的内涵

　　目标模式是以目标为课程设计的基础和核心，围绕课程目标的确立及其实现、评价而进行课程设计的模式。泰勒在《课程与教学的基本原理》一书中提出，课程的设计者在设计课程时必须考虑四个基本问题：

①学校应该达到哪些教育目标?

②提供哪些教育经验才能实现这些目标?

③怎样才能有效地组织这些教育经验?

④我们怎样才能确定这些目标正在实现?

这四个问题勾勒出课程设计过程的基本步骤,即确定教育目标、选择学习经验、组织学习经验、评价教育结果。在这四个步骤中,确定教育目标是最关键的一步。泰勒认为目标的制定指导着课程内容的选择,课程内容的组织与实施及对实施效果的评价都是围绕课程目标进行的,并强调在确立课程目标时必须考虑三个方面:

①考虑教育目标的三个来源,即对学习者本身的研究、对校外生活的研究、学科专家的建议。

②选择教育目标时,应注意运用教育哲学和学习心理学进行筛选和过滤。

③在确定教育目标时,需要一种有助于选择学习经验和指导教学过程的方式来陈述这些目标。

由此可见,泰勒的目标模式是一种典型的线性课程设计模式(如图8-1),且将行为目标的确立作为课程设计的起点和依据。

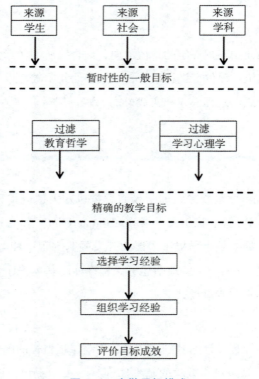

图8-1　泰勒目标模式

泰勒的目标模式为广大课程研究者们提供了一个课程设计的范式，影响颇为深远。英国课程论专家惠勒（D. Wheeler）提出，按照泰勒的线性课程设计模式，当评价结果不能达成预期目标时，无法及时实现信息反馈以重新设计和完善课程，因此，他在泰勒模式的基础上，将其调整为环形模式（图 8-2）。

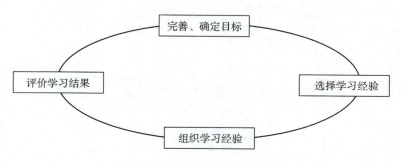

图 8-2　惠勒环形目标模式

（二）目标模式对幼儿园课程的影响

目标模式对幼儿园课程的设计产生了深远的影响，也是我国幼儿园课程改革理论探索与实践所遵循的经典范式。其强调采用明确的行为目标确立课程目标，并以此为出发点和依据来设计课程，使整个课程的设计与实施成为一个有逻辑的、系统的、具体化和结构化的操作程序，有效提高了幼儿园课程设计的计划性、可控性和可操作性。

具体来说，依据学习者的需要、当代社会生活的需要以及学科发展，确定一般性目标，如我国幼儿园课程中五大领域的课程目标；然后将一般目标划分为更具体的特殊目标，如各年龄阶段的学年目标；再将特殊目标划分为可测量的行为目标，如具体活动目标；最后根据行为化的目标选择、组织和实施过程，及目标的实现程度对课程进行评价，从而为改进和完善课程提供反馈信息。

某幼儿园大班课程周计划安排表

本周主题 名称：中国娃	活动总目标： 1. 知道祖国的全称和首都的名称，了解祖国的大好河山，增强热爱祖国的情感。 2. 感受中国传统文化的博大精深，萌发幼儿做中国人的自豪感。 3. 初步了解中国人与外国人在肤色、外貌以及饮食习惯等方面的不同，知道自己是中国人。 4. 合群、开朗、积极主动地参加幼儿园的各项活动，并从中感到快乐。

续表

星期 内容		一	二	三	四	五
晨间活动	室内	阅读区：我的祖国、祖国之最 建构区：美丽的中国、天安门 巧手区：各式奖牌、中国印 表演区：大中国、中国功夫				
	室外	玩风火轮、钻圈、跳绳	网小鱼、垫上翻爬、丢沙包	跳房子、好玩的球	老狼老狼几点了、跳竹竿、平衡走	贴烧饼、跳绳、拍山墙
上午	活动一	语言活动：诗歌——我最爱祖国	数学活动：学习2、3的组成	社会活动：我是中国娃	数学活动：各地娃娃到北京	社会活动：首都北京
	活动二	创造性游戏：美丽的长城	体育游戏：快乐的小牧民	科学游戏：泡泡变变变	区域活动：棋类区——飞行棋、走迷宫；建构区——天安门、长城；数学区——有趣的分合	大型器械：游乐场摇船、攀登架等
	活动三		智力游戏：快乐阅读、找国旗	音乐游戏：十二生肖		语言活动：五十六个民族是一家
下午	活动一	科学活动：奇妙的水	音乐活动：歌曲——我们的妈妈是中国	创造性游戏：我去过的地方	美术活动：画长城	健康活动：夺红旗——绕圈接力
	活动二	体育游戏：娃娃游中国	民间游戏：炒黄豆		体育游戏：插红旗	智力游戏：中国地图拼图
环境创设		1. 与幼儿一起收集有关中国传统文化的图片资料，共同布置"中国娃"主题墙。 2. 在活动室内挂一幅中国地图，让幼儿了解有关中国的地理位置、中国之最等情况，扩展幼儿的认识和视野。				
保育工作		1. 帮助幼儿养成按时进餐、细嚼慢咽、及时吃完的良好习惯。 2. 督促幼儿饭后漱口，擦干净嘴巴。				
家园联系		1. 给孩子介绍有关祖国的知识，收集有关"祖国"的图片，进行爱国教育。 2. 和家长交流，了解幼儿假期在家情况。				

（三）对目标模式的评价

目标模式程序清晰、步骤明确、可操作性强、易于教师掌握。具体来说，这一模式的优点主要有以下几点：

①课程目标具体、明确、可操作性强，有利于教师理解与掌握。

②评价结果和学习者的学习经验达成程度显而易见，有利于教师和学习者明确改进方向。

③有利于教师描述课程设计与实施情况，便于学校与家长和学生的交流沟通。

目标模式的局限性也显而易见，具体如下：

①过分重视预设目标尤其是行为目标，过多强调学习的预期结果而忽视对儿童终身可持续发展有更多影响的学习品质、情感、态度、习惯、价值观等方面的发展。

②缺少对课程目标本身动态发展的考虑，与课程自身发展过程中的长期性、综合性、累积性等特征存在一定矛盾。

③课程目标层层分解的倾向，与幼儿的全面发展及整体性学习知识和经验有一定的冲突。

④课程的设计与实施均由教育者把控，容易忽视学习者的主动性、发展性和创造性。

二　过程模式

20 世纪五六十年代后，英国著名的课程理论专家斯滕豪斯（Lawrence Stenhouse）在进行了大量的理论研究并吸收了英国许多课程编制的实践经验的基础上，对泰勒的目标模式进行了全面的分析、批判和反思，并以此为基础，提出了著名的"过程模式"课程理论，主要体现在其著作《课程研究与开发导论》一书中。

（一）过程模式的内涵

斯滕豪斯认为教育的目的是通过促使人思考知识来解放人，使人变得自由。课程应该考虑知识的不确定性，鼓励学生进行个性化的、富有创造性的学习。强调课程的研究和开发应该是一个动态的、持续发展的过程，课程的设计应该是研究、编制、评价合而为一的。设计者可以通过详细说明内容和过程中各种原理的方法，来合理地设计课程，而不必用目标预先指定所希望达到的结果。因此，过程模式的设计程序一般为设定一般的目标—实施有创造性的教学活动—论述—评价教学活动引起的结果（图 8-3）。

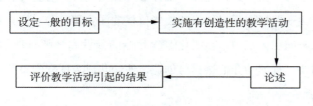

图 8-3　过程模式

1. 过程模式的课程设计依据

在课程设计依据方面，过程模式的逻辑起点是内容的选择而非目标的预设。其反对把教育作为工具，主张教育要关注具有内在价值的活动，强调在课程设计中以过程为焦点，具体详细说明所要学习的内容、所采取的方法和过程中的各种原理以及所要遵循的标准，而不必用目标预先制定所希望达到的结果。

2. 课程目标的制定

斯滕豪斯认为课程不是通过将一般的教育目的分解为具体目标而达成的，他认为能促进幼儿发展的课程一定是通过教育过程的不断调试来实现的。过程模式反对像目标模式那样预设行为目标，而是强调确定总体教育过程的一般性的、宽泛的教育目标。这些目标是非行为性的，并不构成最后的评价依据，主要目的是使教师明确教育过程中内在的价值标准及总体要求。

3. 课程内容的选择、组织与教学

斯滕豪斯认为应该通过分析公共文化价值和研究知识本质来寻找有关课程内容的选择原则。他认为知识不是一种现成的让学生接受的东西，而是思考的对象。因此，斯滕豪斯选择了布鲁纳（Jerome Bruner）的螺旋式课程组织方式，强调课程设计既要能清楚地反映各学科领域的基本概念、过程和方法，又要能被普通教师教给普通学生，从而既有利于反映知识形式，又有助于学科知识和能力的统一。在课程教学中，斯滕豪斯提倡采用发现法和讨论法，他认为课程教学过程中教师需要扮演的是引导者、合作者、学习者、诊断者的角色，通过交流讨论、共同探讨等方式引导学生在主动学习的过程中建构知识，发现并解决问题。

4. 课程评价的方法

斯滕豪斯认为学生的学习不是直线式的、被动的过程，而是一个主动参与和探究的过程。教师在学生学习过程及结果评价中，应该是一个诊断者，而非打分者。课程的评价应是以教育主体知识内在的价值及标准为依据，建立在学生的自我评价和教师的诊断评价的基础上，而进行的一种开放式的而非针对预设目标达成与否的单一式的评价。

（二）过程模式对幼儿园课程的影响

伴随着幼儿园课程改革的深入，人们也逐渐认识到目标模式的弊端，开始关注教育过程的价值以及儿童在课程中的作用。因此，课程设计的过程模式开始对幼儿园课程的设计产生重大影响。过程模式将以往幼儿园课程对知识和技能传授的注重转化为对幼儿获取经验的注重，将课程与幼儿的关系从单向变为双向，在淡化课程目标的预设和教师对教学活动的控制的同时，尊重幼儿的兴趣和需要，理解幼儿的选择与创造，使幼儿成为课程的参与者和占有者。

（三）对过程模式的评价

过程模式批判了目标模式的许多弊端，在一定程度上弥补了目标模式的局限性，肯定了课

程研究的重要性和课程内容的内在价值，并强调学习者的主动参与和探究学习，重视学生思考能力和创造性的培养，将课程看作一个开放式的系统，使课程设计更趋于成熟和完善。过程模式同时强调了"教师即研究者"所应该发挥的作用，有利于教师主动性、创造性的发挥和专业的成长。

但是，过程模式自身也存在一定的局限性。首先，过程模式虽提出了目标模式的不足，但未能开发出更为理想而全面的程序和方案，缺乏系统性、计划性和科学性，使课程设计者因缺乏具体的步骤而难以开展卓有成效的工作；其次，过程模式把整个课程设计局限于对学科体系进行抽象演绎的单一来源中，忽视了社会需要、知识的实用性以及儿童的可接受性；再次，对课程的评价缺乏客观标准，往往导致评价带有过多的主观色彩；最后，过程模式赋予了教师过分理想化的角色和过高的要求，在实践中较难施行。

三　实践模式

20 世纪五六十年代，为解决美国教育落后问题，更好地应对现代科学技术的迅猛发展，美国课程理论专家施瓦布（Joseph Schwab）同布鲁纳等人在美国联合领导了"新课程运动"，即结构主义课程运动，旨在以学术中心课程的开展来弥补原有课程结构的缺陷。但由于学科专家设计、开发的课程在内容层面具有较高的学术性，与学生的实际生活及发展特点相脱离，学生和教师在现实的教学过程中难以对抽象的教学内容进行学习和理解，导致新课程改革未达到预期效果而被迫中止。在总结"新课程运动"失利教训的基础上，施瓦布在其《实践：课程的语言》一文中针对以理论模式和目标模式为代表的传统课程理论的弊端提出"实践的课程模式"，并在后续的研究中详细阐述和不断完善。

（一）实践模式的内涵

施瓦布认为传统的课程研究是"理论的"，而他所主张的课程研究是"实践的"。他着重强调了课程的实践价值和动态过程，追求课程的实践性，重视课程开发中结果与过程、目的与手段的统一，主张用集体审议的方式解决课程问题，同时把教师和学生视为课程的主体和创造者。

1. 实践模式的价值取向——"实践旨趣"

实践模式将"实践旨趣"作为课程的终极目的，将课程看作是一个有机的、相互作用的、相互理解的生态系统，强调课程应该建立在对课程意义"一致性理解"的基础之上。实践模式的"实践旨趣"与泰勒目标模式的"技术旨趣"不同，技术旨趣是通过符合规律的行为而对环境加以控制的人类的基本兴趣，它指向外在目标，强调结果、目的，核心是把环境作为客体加以控制。而实践旨趣建立在对意义的"一致性解释"基础上，通过与环境的相互作用而理解环境中的人类的基本兴趣，它指向内在事物，强调过程、手段，核心是理解环境并与之相互作用。

2. 实践模式的课程主体——教师与学生

施瓦布认为在传统模式中，课程的开发权都属于上级部门，而把教师和学生排斥在课程设计过程之外，使得教师和学生仅仅只是课程的被动执行者，而非主动的制定者、实施者。他认为课程不能脱离教师和学生而制定，更不应该将教师和学生孤立于课程之外，要改变他们被动接受和完成课程、缺乏课程主体性的做法，强调教师和学生是课程的合法主体和创造者。

3. 实践模式的课程开发方式——集体审议

实践模式强调通过集体审议的方式来开发课程。所谓集体审议，就是指课程集体在特定的情境中通过对问题的反复权衡最终达成一致意见并作出行动决策的课程开发运作方式。而"课程集体"则是集体审议的主体，主要包括校长、社区代表、教师、学生、课程专家、教材专家、心理学家和社会学家等。在集体审议过程中，一般首先从课程集体中选出一位主席领导整个审议过程；然后围绕教师、学生、学科内容和环境四个基本要素之间的协调平衡这个重点开展讨论，明确特定情境中迫切需要解决的问题；接着就各种事实判断和价值判断形成暂时的共识，并充分考虑各种可能的途径来拟定各种备选的解决方案；再对各种备选方案反复权衡，选择最佳方案；最后还要对各种备选方案进行局部的"预演"，反思已确定的目标，最后得出行动的实践这一结论。

4. 实践模式的方法论——行动研究

凯米斯（Stephen Kemmis）提出行动研究是由社会情境（包括教育情境）的参加者，为提高对所从事的社会或教育实践的理性认识，为加深对实践活动及其依赖的背景的理解，而进行的反思研究。在行动研究中，实践者亦是研究者，两者合为一体；实践过程即研究过程，实际问题的解决过程与研究过程合二为一。同时，反思在这一过程中具有十分重要的作用，是行动研究的关键所在。实践模式强调课程开发的过程与结果、目标与手段的连续统一，将课程实践与课程研究统一起来，做到了课程问题的解决过程与课程研究过程、课程实践人员与课程研究人员的统一。由此可见行动研究的理念在实践模式中得到了充分的体现，实践模式是以行动研究为方法论的。

（二）实践模式对幼儿园课程的影响

在以往的课程设计模式中，课程目标注重知识的习得，尤其以理论知识为主，课程实施以教师授课为主，课程评价以结果为导向，整个课程中缺乏实践。实践模式则强调课程的目标应注重过程的实践兴趣，而不是重视结果的技术兴趣，强调将教师和学生作为课程的主体和开发者，注重开发的过程与结果、目标与手段的统一，强调通过集体审议来开发课程。这些要求和特征符合幼儿教育的基本理念和思想，推动了幼儿园课程设计的科学化发展。

（三）对实践模式的评价

实践模式强调教师与学生是课程的主体和创造者，使教师从传统课程理论的束缚中解放出来，并开始反思课程的设计与教学实践，这为课程理论的发展和教师素质的提升作出了巨大的贡献。实践模式追求课程的实践价值，反对对"外来的"理论过分的、无根据的依赖，倡导对具体实践情境的理解与相互作用，将课程理论与课程实践有机统一，使课程具有个性化、灵活化、情景化、生活化、人性化等特征。实践模式充分尊重了教师和学生的主体性，使用集体审议的方式设计课程，体现了课程设计的多元性、民主性和科学性。

当然，实践模式也存在着许多不足之处。首先，实践模式的主要影响仍局限在观念层面，与过程模式类似，也存在着操作性不强的问题；其次，实践模式过于强调"各种实践情境的独特性"，过于注重课程的实践价值，从而忽略了客观存在的、一般意义的、可靠的理论价值，走向了相对主义的极端；最后，实践模式虽然奉行多元的课程理论，采用了"自下而上"的集体审议方式，但未考虑课程集体中各方代表的价值取向和基本观点等存在差异的实际。这样，很可能出现课程集体在难以取得完全一致结论时的折中，从而形成"虚假的一致"，所以在现实中难以实行，带有理想主义的色彩。

 **想一想**

请查阅文献，说一说当前还有哪些课程设计模式。它们的理论观点是什么？

任务二　幼儿园课程设计取向

微课：幼儿园
课程设计取向

课程设计的价值取向是课程设计主体在课程活动中依据自身需要进行价值选择时所表现出来的价值倾向。在课程的研究和发展过程中，课程设计有三种基本的取向——学科中心取向、学习者中心取向、问题中心取向。下面将分别探讨这三种价值取向以及每种价值取向中课程要素的组织。

 学科中心取向

学科中心取向强调从科学门类及分科知识体系出发，以知识为中心设计课程，是最流行、使用最为广泛的课程设计价值取向。学科中心取向存在三种最基本的课程设计形式，分别是科目设计、学术性学科设计、广域设计。

（一）科目设计

科目设计有着悠久的历史，它所依据的一个观点是，人们的智力使他们具有独特性，寻找和获得知识的过程即实现智力的过程。科目设计强调的重点是分开的科目，这种设计主张把课程内容分为众多科目，并赋予一定的价值等级，区分出不同科目对各类学生的适合程度。

（二）学术性学科设计

学术性学科设计是在科目设计的基础上发展起来的。它所依据的一个重要假设是，学校是智力世界的缩影，学科则反映了这个世界。它强调的重点是学术学科，如数学、生物、心理学等。这种设计将学校所开设的课程内容与数学、自然科学、社会科学等对应，并沿用这些学科的概念和逻辑体系作为课程内容的框架。

学术性学科设计强调在学校中体验学科必要性的同时，强调对学科的概念结构和过程的理解，这也构成了其区别于科目设计的一个重要方面。具体而言，在科目设计中，学生只要获得了知识和信息就被认为已经掌握了知识；但是在学术性学科设计中，学生要学习学科以使自己能理解这些知识，甚至将知识概念化。在学术性学科设计中，学习的方法是从那些专业学者所使用的方法演变而来的，例如，生物学的学生要按照生物学家所提倡的程序研究生物学问题。这种设计的倡导者希望学生成为学校课程各领域的"小"学者，鼓励他们找出每门学科的基本逻辑或结构，即主要联系、概念和原理。因此，区分科目设计和学术性学科设计的一个关键特征是，学生实际上有没有运用一些学科方法去处理信息。

（三）广域设计

广域设计又被称为大范围设计、大领域设计，强调的重点是跨学科科目和学术性学科。这种设计主张把两门以上有关的科目合并成一个大范围类目，为学生提供可以认识的相互关联的知识的广阔领域。

广域设计重视课程设计的整合性，努力克服分科设计造成的割据现象，鼓励学生通过意义建构去掌握整体意义并参与设计知识的网状结构，让学生在理解整体意义的同时，也认识到课程内容不同方面之间的联系。我国《幼儿园教育指导纲要（试行）》中提出的"幼儿园的教育内容是全面的、启蒙性的，可以相对划分为健康、语言、社会、科学、艺术等五个领域，也可作其他不同的划分。各领域的内容相互渗透，从不同的角度促进幼儿情感、态度、能力、知识、技能等方面的发展"便是对广域设计的一种尝试。

二　学习者中心取向

学习者中心取向是对学科中心取向的批判与回应。18世纪，法国教育家卢梭在其教育代表作《爱弥尔》中强调教育应回归自然，主张按照儿童的自然发展规律来进行教育，强调关注儿童的兴趣和需要。之后裴斯泰洛齐、福禄贝尔、杜威等教育学家都强调要根据儿童的兴趣和需要开展教育，主张学习者是课程设计的中心，课程要适应学习者，而非学习者适应课程，课程应促使每一个学习者都能得到个体的充分自由的发展。在此过程中，学习者中心取向发展起来，并形成了经验中心设计、开放教室设计、人本主义设计等变式。

（一）经验中心设计

经验中心设计盛行于20世纪二三十年代的进步主义运动时期。主要哲学理论基础是进步教育主义，主要代表人物是杜威。

其特征有三点：第一，课程结构几乎取决于学习者的需要和兴趣，设计者的重要任务在于发现学生的兴趣是什么，并帮助学生为学习而选择最重要的兴趣；第二，不是以学科中心的方式预定计划，而是师生共同合作制订计划；第三，强调所学习问题的解决过程，而不是讲解的内容。

（二）开放教室设计

开放教室设计最早出现在20世纪30年代的英国，70年代起开始流行于美国。这种设计允许学生按各自的兴趣和需要，采用不同的学习进度、学习方式和学习内容。

在开放教室设计中学生可自由组合，进行各种适合个体需要的活动，教室内没有固定排列的课桌和讲台，教室的空间被分成几个"兴趣区（角）"或"活动区（角）"。开放教室里没有上下课的限制，教学活动没有固定结构。

想一想

幼儿园中的区域活动在哪些方面体现了学习者中心取向，是如何体现的？

（三）人本主义设计

人本主义设计产生于20世纪70年代，在一定程度上是对20世纪五六十年代过分强调学科作出的反应，强调的是个人和集体的经验、兴趣和需要。

人本主义设计强调个人的潜能，强调发展学生积极的自我概念和人际交往技巧，以人的能力的全面发展为目的，主张将情感领域（感受、态度、价值等）和认知领域（理性知识和解决问题的能力等）结合起来，将课程组织成一种能给学习者提供更多选择机会的形式，使学习者可以选择要感受的事物。

三　问题中心取向

问题中心取向在某种意义上是对学科中心取向和学习者中心取向的进一步改进。学科中心取向强调学科的内容而忽视学习者的活动，学习者中心取向则强调学习者的活动而忽视学科的内容。两者在"学科内容"和"学习者活动"上各执一端，如何推动学科内容与学习者活动的相互渗透与平衡，正是问题中心取向试图解决的问题。

问题中心取向的"问题"并非通常的学科教材中设计的围绕学科内容本身所提出的"练习题"，而是指更广泛的、在现实世界中所要求人们回答的问题，包括生活领域的问题和社会领域的问题。据此，问题中心取向分为生活领域设计和核心设计两种形式。这种课程设计围绕困扰人们的生活问题和社会问题，强调课程的整体性，一般通过解决问题来实施课程。

（一）生活领域设计

生活领域设计强调生活功能或生活状态，以产生于社会生活中的人类的共同活动为基础，把人类活动分为若干生活领域。这种课程设计形式最早可追溯到19世纪的斯宾塞在其著作《什么知识最有价值》中提出的观点，即课程是为人们在一切社会共有的五项基本领域里有效地起作用作准备的。这种设计形式强调的重点是生活（社会）问题。

生活领域设计关注学习中解决问题的程序，在这种设计形式下，课程与内容在课程经验中得以有效整合。它鼓励在问题解决的过程中开展学习，把学生关心的事物当作学习的起点。鉴于课程与学生生活的高度相关，学生就不需要由额外的动机来激励自己学习，反而会乐意主动学习与自己最有关的知识。

（二）核心设计

核心设计旨在加强课程的整体性，其典型形式是将社会生活中困扰人的关键性问题作为学习和研究的核心，其他科目则围绕这一核心来设计，共同服务于解决问题这一目的。这种设计形式强调的重点是社会问题。

核心设计采用一种相关的形式描述学科内容，将内容整合统一，鼓励学习者积极进行信息处理，有助于激发和培养学习者的内在学习动机，也有助于学生养成关心解决社会问题的意识、习惯以及合作学习的精神。

想一想

请结合所学知识分析三种设计取向的优缺点。

考点聚焦

［考点梳理］

本单元知识在历年教师资格考试中多有涉及，且多以选择题型出现，需要应考者理解并掌握幼儿园课程设计的几种模式和取向，并能够灵活应用。

答案解析

［模拟演练］

1.（单选题）美国课程专家泰勒在《课程与教学的基本原理》一书中提出的课程开发模式是（　　）。

A. 任务分析模式　　　　　　　B. 过程导向模式

C. 工作分析模式　　　　　　　D. 目标导向模式

2.（单选题）课程开发以学科知识及其发展为基点，强调学科知识的优先性，这种课程设计取向是（　　）。

A. 儿童中心取向　　　　　　　B. 社会中心取向

C. 学科中心取向　　　　　　　D. 经验中心取向

3.（单选题）提出课程开发的过程模式的是（　　）。

A. 杜威　　　　　　　　　　　B. 泰勒

C. 施瓦布　　　　　　　　　　D. 斯滕豪斯

4. 在对课程进行开发时，不预先制定目标，而是详细说明内容和过程中的各种原理，然后在教学活动、经验中，不断进行改进、修正的课程开发模式属于（　　）。

A. 过程模式　　　　　　　　　B. 目标模式

C. 情境模式　　　　　　　　　D. 评价模式

思考与练习

1. 简述目标模式的基本内容。

2. 简述目标模式的优缺点。

3. 简述过程模式的优缺点。

4. 简述课程设计的三种取向。

参考答案

【实践分析】

1. 以小组或个人为单位，调查附近幼儿园教师或园长对目标模式与过程模式的看法，并对这些看法进行评价。

2. 以小组或个人为单位，分析某一所幼儿园课程设计的主要取向，结合所学相关知识以及搜集的有关该幼儿园课程方面的资料，谈谈这种取向的得与失，还可以和幼儿园教师一起探索改进课程设计的方法与策略。

参考文献

[1] 胡娟. 幼儿园课程概论 [M]. 上海：复旦大学出版社，2020.

[2] 王春燕，秦元东. 幼儿园课程概论 [M]. 北京：高等教育出版社，2019.

[3] 张兰香. 学前教育学 [M]. 北京：高等教育出版社，2019.

[4] 时松，岳慧兰. 幼儿园课程 [M]. 长春：东北师范大学出版社，2021.

[5] 张琳. 幼儿园教育活动设计与指导 [M]. 北京：高等教育出版社，2016.

[6] 徐萍. 重构幼儿园主题活动案例精选 [M]. 福州：福建教育出版社，2017.

[7] 范明丽，朱学英. 幼儿游戏与指导 [M]. 北京：北京师范大学出版社，2017.

[8] 单文顶，焦冬玲，袁爱玲. 幼儿园游戏指导策略 [M]. 福州：福建教育出版社，2017.

[9] 莫群，周青云. 学前儿童游戏活动与指导 [M]. 长沙：中南大学出版社，2018.

[10] 朱琳，吴皑洁. 基于"幼儿为主体"的主题环境互动创设：大班"我是中国娃"主题环境创设案例 [J]. 家教世界，2017：25-30.

[11] 赵明主. 幼儿园特色主题活动设计与实施 [M]. 北京：中国轻工业出版社，2017.

[12] 李雁冰. 课程评价论 [M]. 上海：上海教育出版社，2022.

[13] 李建军. 幼儿园课程概论 [M]. 南京：南京师范大学出版社，2018.

[14] 万超. 幼儿园课程论 [M]，吉林：东北师范大学出版社，2020.

[15] 钱晓玲. 蒙台梭利课程方案在我国的实施现状与思考 [J]. 赤峰学院学报（自然科学版），2016，32（11）：222-223.

[16] 袁利平，杨阳. 施瓦布的"实践"概念及课程旨趣 [J]. 全球教育展望，2020（1）：17-26.

[17] 陈秀云，陈一飞. 陈鹤琴文集 [M]. 江苏：江苏教育出版社，2017.

[18] 程学琴. 游戏材料设置的安吉实践 [J]. 幼儿教育，2021（13）：15-19.

后 记

      《幼儿园教育指导纲要（试行）》指出：教育活动内容选择要"既适合幼儿现有水平，又有一定的挑战性；既符合幼儿现实需要，又利于其长远发展；既贴近幼儿生活来选择幼儿感兴趣的事物和问题，又有助于拓展幼儿的经验和视野。"教育活动内容的组织要求"考虑幼儿学习特点和认识规律，各领域的内容要有机联系，相互渗透，注重综合性、趣味性、活动性，寓教育于生活、游戏之中。"这意味着幼儿教师要具有课程意识和课程思维。本书旨在启发幼儿老师的课程意识，内容编排以课程要素为逻辑，根据幼儿园课程的要素进行模块和任务的划分。本书理论知识以"必需和够用"为准则，重点是以幼儿教师课程选择、实施和设计的岗位能力为目标，强调理论观点与实践案例结合，强调理论观点与行为表现的衔接，力争做到"教学做"的统一。在单元任务中，穿插情境导入、课程案例、考点聚焦、赛点聚焦等内容，做到"岗课赛证"融通，激发学生学习兴趣，丰富教材内容，力求学生学有所思，学有所用，为学生参加专业技能竞赛、考证考试等提供参考。

      本书编写过程中，将教案、课件、课程标准、练习解析等教学资源进行有效整合，以二维码的形式融入教材中，为学生的自主学习和教师教学提供课程资源。

      本书是湖南省学前教育学会组织编写的，具体分工如下：湖南人文科技学院赵艳红负责单元一的编写，益阳师范高等专科学校雷雨负责单元二的编写，湖南民族职业学院彭妹负责单元三的编写，长沙幼儿师范专科学校刘玉萍负责单元四的编写，株洲师范高等专科学校赵莉负责单元五的编写，湖南民族职业学院罗梅负责单元六的编写，湖南高尔夫职业学院冯小丹、长沙幼儿师范专科学校张思颖、湖南高尔夫职业学院王晓欢负责单元七的编写，娄底潇湘职业学院张伟负责单元八的编写。多家幼儿园提供了部分教学资源，并提出了一些宝贵的意见。湖南大学出版社对本书给予大力支持，在此一并表示感谢。

　　在编写过程中，本书参考了大量的文献资料，在此对这些文献的作者表示诚挚的感谢！由于编者水平有限，书中疏漏与不当之处，敬请广大读者批评指正。

编 者

2023 年 12 月